THE NEW SIDDUR PROGRAM
FOR HEBREW AND HERITAGE

עִבְרִית חֲדָשָׁה
לְתוֹדָעַת תְּפִלָּה

מַרְגָּלִית וְנַחוּם טַרְנוֹר
PEARL AND NORMAN TARNOR

2

BEHRMAN HOUSE

לֶאֱלִישָׁע שָׁלוֹם

"בֵּן טוֹב יְשַׂמַּח לֵבָב"

PROJECT EDITOR:
RUBY G. STRAUSS

BOOK DESIGN:
ROBERT J. O'DELL

ILLUSTRATIONS:
JOHN SANDFORD
CLARE SIEFFERT

© COPYRIGHT 1991 BY PEARL AND NORMAN TARNOR

PUBLISHED BY BEHRMAN HOUSE, INC.
235 Watchung Avenue, West Orange, New Jersey 07052
ISBN 0-87441-506-3

MANUFACTURED IN THE UNITED STATES OF AMERICA

5 6 7 8 9 10

פְּתַח לִבִּי בְּתוֹרָתֶךָ, וּבְמִצְוֹתֶיךָ תִּרְדּוֹף נַפְשִׁי.

הַכֹּל טוֹב, הַכֹּל יָפֶה

שַׁבָּת.

מֹשֶׁה בַּבַּיִת שֶׁל סַבָּא וְסַבְתָּא.

הַשֵּׁם שֶׁל הַסַבָּא אַבְרָהָם.

הַשֵּׁם שֶׁל הַסַבְתָּא שָׂרָה.

סַבְתָּא שָׂרָה שָׂמָה עוּגָה עַל הַשֻּׁלְחָן.

הִיא נוֹתֶנֶת עוּגָה לְמֹשֶׁה.

מֹשֶׁה אוֹמֵר אֶת הַבְּרָכָה:

בָּרוּךְ אַתָּה ה׳ אֱלֹהֵינוּ מֶלֶךְ הָעוֹלָם,

בּוֹרֵא מִינֵי מְזוֹנוֹת.

הוּא אוֹכֵל אֶת הָעוּגָה.

הוּא אוֹמֵר: תּוֹדָה, סַבְתָּא.

הָעוּגָה טוֹבָה וְאַתְּ סַבְתָּא טוֹבָה.

אֲנִי אוֹהֵב אֶת הָעוּגָה שֶׁלָּךְ.

סַבָּא נוֹתֵן סִדּוּר לְמֹשֶׁה.

סַבָּא אַבְרָהָם אוֹמֵר: הִנֵּה סִדּוּר מֵאֶרֶץ יִשְׂרָאֵל.

מֹשֶׁה אוֹמֵר: תּוֹדָה, סַבָּא.

הַסִּדּוּר יָפֶה וְאַתָּה סַבָּא יָפֶה.

אֲנִי אוֹהֵב אֶת הַסַּבָּא וְהַסַּבְתָּא שֶׁלִּי.

הֵם יָפִים, הֵם טוֹבִים.

סַבְתָּא אוֹמֶרֶת: מֹשֶׁה, אַתָּה יֶלֶד טוֹב, אַתָּה יֶלֶד יָפֶה.

סַבָּא אוֹמֵר: תּוֹדָה לַה׳, הַכֹּל טוֹב, הַכֹּל יָפֶה.

5

READING COMPREHENSION

Put a check next to the phrase that best completes each sentence according to the story.

1 Before Moshe eats the cake, he says the blessing:

_____ הַמּוֹצִיא לֶחֶם מִן הָאָרֶץ.

__✓__ בּוֹרֵא מִינֵי מְזוֹנוֹת.

_____ בּוֹרֵא פְּרִי הָעֵץ.

2 Moshe is with his grandparents on:

_____ סֻכּוֹת.

_____ שַׁבָּת.

_____ רֹאשׁ הַשָּׁנָה.

3 The סדור comes from:

_____ מֶלֶךְ הָעוֹלָם.

_____ הַבַּיִת.

_____ אֶרֶץ יִשְׂרָאֵל.

4 We know Moshe loves his grandparents because he says:

_____ הִנֵּה סִדּוּר מֵאֶרֶץ יִשְׂרָאֵל.

_____ אֲנִי אוֹהֵב אֶת הַסַּבָּא וְהַסַּבְתָּא שֶׁלִּי.

_____ הַשֵּׁם שֶׁל הַסַּבָּא אַבְרָהָם.

WORDS TO STUDY

love, like (אהב)	אוֹהֵב, אוֹהֶבֶת
they	הֵם, הֵן
good	טוֹב, טוֹבָה
nice	יָפֶה, יָפָה
from	מִן, מִ__, מֵ__
cake	עוּגָה
put	שָׂם, שָׂמָה (שׂימ)
name	שֵׁם

SUFFIXES

you, your, yours	__ךָ
we, our, us	__נוּ

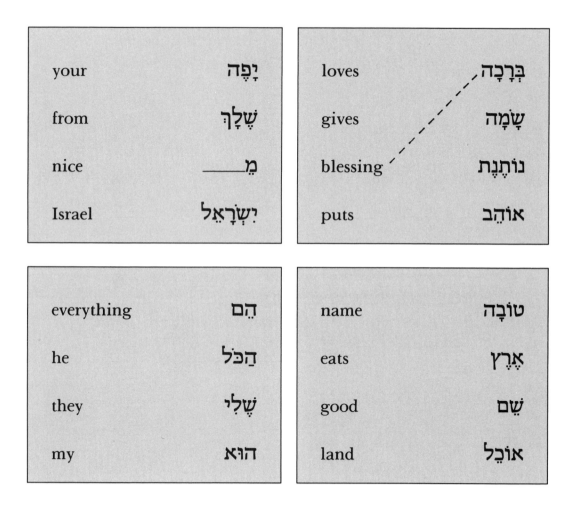

SIDDUR CONNECTIONS

Connect each Hebrew word to its English meaning.

your	יָפֶה
from	שֶׁלְּךָ
nice	מֵ_____
Israel	יִשְׂרָאֵל

loves	בְּרָכָה
gives	שָׂמָה
blessing	נוֹתֶנֶת
puts	אוֹהֵב

everything	הֵם
he	הַכֹּל
they	שֶׁלִּי
my	הוּא

name	טוֹבָה
eats	אֶרֶץ
good	שֵׁם
land	אוֹכֵל

ATTACHMENTS

Check the Hebrew word that means the same as the English.

in the house	1	___ הַבַּיִת	✓ בַּבַּיִת	___ וּבַיִת
the prayerbook	2	___ בַּסִדּוּר	___ הַסִדּוּר	___ וְהַסִדּוּר
to the table	3	___ הַשֻּׁלְחָן	___ שֻׁלְחָן	___ לַשֻּׁלְחָן
from Israel	4	___ יִשְׂרָאֵל	___ מִיִּשְׂרָאֵל	___ בְּיִשְׂרָאֵל
land	5	___ בְּאֶרֶץ	___ וְהָאָרֶץ	___ אֶרֶץ
the blessing	6	___ הַבְּרָכָה	___ בְּרָכָה	___ וּבְרָכָה
from grandfather	7	___ הַסַּבָּא	___ לְסַבָּא	___ מִסַּבָּא
cake	8	___ הָעוּגָה	___ עוּגָה	___ וְעוּגָה

ROOT CONNECTIONS

Connect the Hebrew root letters to the English meaning.

1	(אהב)	eat
2	(נתנ)	put
3	(אכל)	give
4	(שׂימ)	like
5	(אמר)	say

Connect each verb to its root letters (שֹׁרֶשׁ).

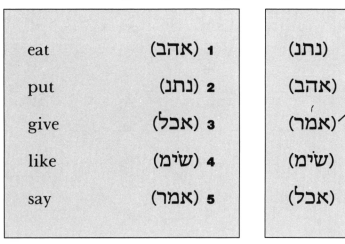

1	אוֹמֵר	(נתנ)
2	שָׂמָה	(אהב)
3	נוֹתֶנֶת	(אמר)
4	אוֹכֵל	(שׂימ)
5	אוֹהֵב	(אכל)

בְּרָכוֹת

Before we eat food (other than bread) made from grains like wheat, barley, oats and rye, this is the בְּרָכָה we say:

בָּרוּךְ אַתָּה ה׳ אֱלֹהֵינוּ מֶלֶךְ הָעוֹלָם בּוֹרֵא מִינֵי מְזוֹנוֹת.

Blessed are you, Lord our God, King of the universe, Who creates (many) kinds of food.

We say this בְּרָכָה before we eat cake, cookies, or noodles.

Which בְּרָכָה would you recite before eating these foods? Write the number of the בְּרָכָה next to the picture.

1 הַמּוֹצִיא לֶחֶם מִן הָאָרֶץ

2 בּוֹרֵא פְּרִי הָעֵץ

3 בּוֹרֵא מִינֵי מְזוֹנוֹת

______

___3___

______

______

______

______

______

BE A TRANSLATOR

Check the Hebrew sentence that means the same as the English.

1 He likes the prayerbook.

- ✓ הוּא אוֹהֵב אֶת הַסִדּוּר.
- ___ הוּא אוֹהֵב סִדּוּר.

2 You like the house.

- ___ אַתָּה אוֹהֵב בַּיִת.
- ___ אַתָּה אוֹהֵב אֶת הַבַּיִת.

3 They eat everything.

- ___ הֵם אוֹכְלִים.
- ___ הֵם אוֹכְלִים אֶת הַכֹּל.

4 Grandmother puts the cake on the table.

- ___ סַבְתָּא שָׂמָה עוּגָה עַל הַשֻּׁלְחָן.
- ___ סַבְתָּא שָׂמָה אֶת הָעוּגָה עַל הַשֻּׁלְחָן.

5 He says a blessing.

- ___ הוּא אוֹמֵר בְּרָכָה.
- ___ הוּא אוֹמֵר אֶת הַבְּרָכָה.

THE SUFFIX נוּ__ we, our, us

1 What do these words have in common? ________________
אֲנַחְנוּ (we), אָבִינוּ (our Father), בָּרְכֵנוּ (bless us)

2 Circle the ending (the suffix) these words share.

3 What does the suffix נוּ mean? ________________

THE SUFFIX ךָ__ you, your, yours

1 What do these words have in common? ________________
תּוֹרָתֶךָ (your Torah), בֵּיתֶךָ (your house), אֱלֹהֶיךָ (your God)

2 Circle the ending (the suffix) these words share.

3 When ךָ is attached to the end of a word it means *your* or *you*.

4 In English, we show possession by using two separate words: your house

5 In Hebrew we have two ways of saying "your house":
 a. We can say it in two words: הַבַּיִת שֶׁלְּךָ
 b. Or we can combine the two words into one word: בֵּיתְךָ (בֵּיתֶךָ)

6 What part of the word שֶׁלְּךָ (your) did we attach to the basic word בַּיִת? ________________

7 What does the suffix ךָ mean? ________________

PRAYER PRACTICE

Read the סִדּוּר *phrases. Underline the words with the suffix* ךָ.

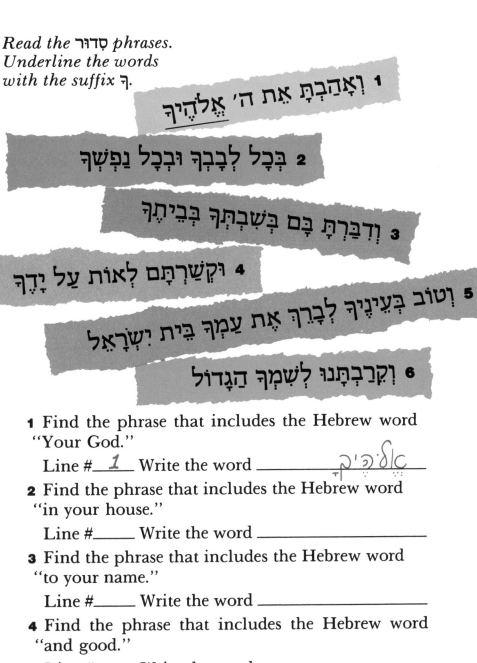

1 וְאָהַבְתָּ אֵת ה' אֱלֹהֶיךָ

2 בְּכָל לְבָבְךָ וּבְכָל נַפְשְׁךָ

3 וְדִבַּרְתָּ בָּם בְּשִׁבְתְּךָ בְּבֵיתֶךָ

4 וּקְשַׁרְתָּם לְאוֹת עַל יָדֶךָ

5 וְטוֹב בְּעֵינֶיךָ לְבָרֵךְ אֶת עַמְּךָ בֵּית יִשְׂרָאֵל

6 וְקֵרַבְתָּנוּ לְשִׁמְךָ הַגָּדוֹל

1 Find the phrase that includes the Hebrew word "Your God."

Line #_1_ Write the word _אֱלֹהֶיךָ_

2 Find the phrase that includes the Hebrew word "in your house."

Line #_____ Write the word ____________________

3 Find the phrase that includes the Hebrew word "to your name."

Line #_____ Write the word ____________________

4 Find the phrase that includes the Hebrew word "and good."

Line #_____ Write the word ____________________

5 Find the phrase that includes the Hebrew word "big" or "great."

Line #_____ Write the word ____________________

FLUENT SIDDUR READING

וְאָהַבְתָּ

This prayer tells us to love God and to live according to the religious ideals of the Torah. Practice reading the prayer.

1 וְאָהַבְתָּ אֵת ה׳ אֱלֹהֶיךָ

2 בְּכָל לְבָבְךָ וּבְכָל נַפְשְׁךָ וּבְכָל מְאֹדֶךָ.

3 וְהָיוּ הַדְּבָרִים הָאֵלֶּה, אֲשֶׁר אָנֹכִי מְצַוְּךָ הַיּוֹם, עַל לְבָבֶךָ.

4 וְשִׁנַּנְתָּם לְבָנֶיךָ, וְדִבַּרְתָּ בָּם בְּשִׁבְתְּךָ בְּבֵיתֶךָ,

5 וּבְלֶכְתְּךָ בַדֶּרֶךְ, וּבְשָׁכְבְּךָ וּבְקוּמֶךָ,

6 וּקְשַׁרְתָּם לְאוֹת עַל יָדֶךָ, וְהָיוּ לְטֹטָפֹת בֵּין עֵינֶיךָ.

7 וּכְתַבְתָּם עַל מְזֻזוֹת בֵּיתֶךָ וּבִשְׁעָרֶיךָ.

1 What Hebrew suffix tells you that this prayer is talking to you? __________

2 List six different words that have a suffix meaning "your."

__________________ __________________ __________________

__________________ __________________ __________________

3 Write the word that means "in your house." ______________

4 Write the word that means "your God" __________________

הָאָב וְהַבֵּן

שַׁבָּת.

הָאָב וְהַבֵּן בְּבֵית-הַכְּנֶסֶת.

הַבֵּן יוֹשֵׁב עַל-יַד הָאָב.

הָאָב קוֹרֵא בַּסִדּוּר. הוּא מִתְפַּלֵּל.

הַבֵּן לֹא קוֹרֵא בַּסִדּוּר. לָמָּה?

הַבֵּן לֹא קוֹרֵא כִּי הוּא יֶלֶד קָטָן.

הוּא לֹא לוֹמֵד בְּבֵית-הַסֵּפֶר.

כַּאֲשֶׁר הָאָב עוֹמֵד, גַּם הַבֵּן עוֹמֵד.

כַּאֲשֶׁר הָאָב יוֹשֵׁב, גַּם הַבֵּן יוֹשֵׁב.

כַּאֲשֶׁר הָאָב שָׁר "שְׁמַע יִשְׂרָאֵל",

גַּם הַבֵּן שָׁר "שְׁמַע יִשְׂרָאֵל".

הַבֵּן אוֹמֵר:

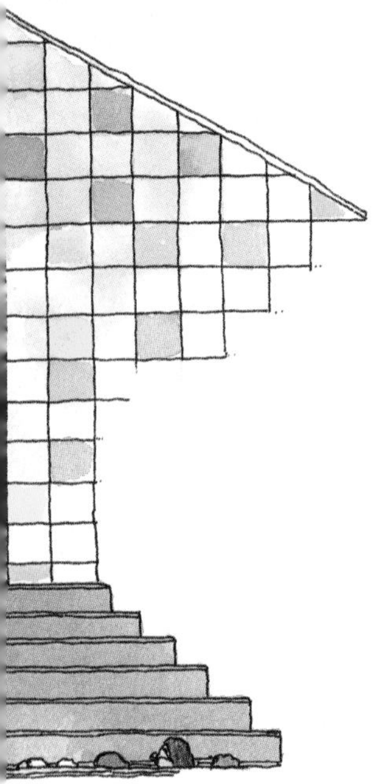

אַבָּא, כַּאֲשֶׁר אַתָּה שָׁר "שְׁמַע יִשְׂרָאֵל" אַתָּה מִתְפַּלֵּל לַה'.

כַּאֲשֶׁר אֲנִי שָׁר "שְׁמַע יִשְׂרָאֵל" גַּם אֲנִי מִתְפַּלֵּל לַה'.

WORDS TO STUDY

father	אָב (אַבָּא)
son(s)	בֵּן, בָּנִים
when	כַּאֲשֶׁר
because	כִּי
pray	מִתְפַּלֵּל
read, call	קוֹרֵא, קוֹרֵאת (קרא)
sing	שָׁר, שָׁרָה (שׁיר)

WORD MATCH

Circle the Hebrew word that means the same as the English.

1
the son
3
reads
2
pray
4
sings
5
the father
6
when
7
because
8
stand

1 הַבֵּן יוֹשֵׁב בַּבַּיִת.

2 אֲנִי מִתְפַּלֵּל בְּבֵית־הַכְּנֶסֶת.

3 הוּא קוֹרֵא בַּסִדּוּר.

4 מִי שָׁר בְּבֵית־הַכְּנֶסֶת?

5 הִיא יוֹשֶׁבֶת עַל־יַד הָאָב.

6 כַּאֲשֶׁר אַתָּה עוֹמֵד, גַּם אֲנִי עוֹמֵד.

7 הַיּוֹם הִיא לֹא בְּבֵית־הַסֵּפֶר כִּי הַיּוֹם שַׁבָּת.

8 לָמָּה אַתָּה עוֹמֵד?

SIDDUR CONNECTIONS

Draw a line from the word on the right to a related siddur word on the left.

שִׁמְךָ	בַּיִת
שְׁלוֹמֶךָ	שֵׁם
הַמְּלָכִים	שָׁלוֹם
בֵּיתֶךָ	מֶלֶךְ

אָבִינוּ	אֲנַחְנוּ
תּוֹרָתֶךָ	אָב
וַאֲנַחְנוּ	תּוֹרָה
בְּנֵי	בֵּן

כִּסְאוֹ	לֶחֶם
רָאשֵׁיכֶם	כִּסֵּא
לַחְמֶךָ	בֹּקֶר
וָבֹקֶר	רֹאשׁ

הָעֵץ	שַׁבָּת
טוֹבִים	אֶרֶץ
וּבָאָרֶץ	עֵץ
הַשַּׁבָּת	טוֹב

Write the Hebrew word that completes each sentence.

MUSICAL NOTES

אוֹהֵב

שָׂמָה

עוֹנֶה

שֶׁלְּךָ

כִּי

קוֹרֵא

אוֹמֵר

שָׁר

1 אַתָּה ___שָׁר___ אֶת הַבְּרָכָה. sing

2 הָאָב ________ : אַתָּה בֵּן טוֹב. says

3 הַמּוֹרָה שׁוֹאֶלֶת וְיוֹסִי לֹא ________. answer

4 רִנָּה לֹא הוֹלֶכֶת לְבֵית-הַסֵּפֶר ________ הִיא יַלְדָּה קְטַנָּה. because

5 אִמָּא ________ עוּגָה עַל הַשֻּׁלְחָן. puts

6 הוּא ________ אֶת הַסֵּפֶר. reads

7 סַבָּא ________ אֶת הַיְלָדִים. loves

8 הַסִּדּוּר ________ מֵאֶרֶץ יִשְׂרָאֵל. your

Copy the words you have written into the corresponding numbered notes in the puzzle to discover the name of an important prayer.

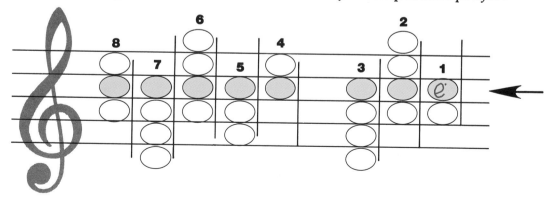

The שֹׁרֶשׁ (קרא) has two meanings: read and call.
He reads the Torah. הוּא קוֹרֵא אֶת הַתּוֹרָה.
He calls and I answer. הוּא קוֹרֵא וַאֲנִי עוֹנֶה.
In these passages from the סִדּוּר, the שֹׁרֶשׁ (קרא) means "call."

Read the passages and circle the words related to the שֹׁרֶשׁ (קרא).

1 אֲזַי מֶלֶךְ שְׁמוֹ נִקְרָא
2 מְנָת כּוֹסִי בְּיוֹם אֶקְרָא
3 הוֹדוּ לַה׳ קִרְאוּ בִשְׁמוֹ
4 הַמֶּלֶךְ יַעֲנֵנוּ בְיוֹם קָרְאֵנוּ
5 וְקָרָא זֶה אֶל זֶה וְאָמַר
6 קָרוֹב ה׳ לְכָל קֹרְאָיו
7 וְכָל בְּנֵי בָשָׂר יִקְרְאוּ בִשְׁמֶךָ
8 קָרָא לַשֶּׁמֶשׁ וַיִּזְרַח אוֹר
9 כִּי עֶבֶד נֶאֱמָן קָרָאתָ לּוֹ
10 חֶמְדַּת יָמִים אוֹתוֹ קָרָאתָ

PRAYER PRACTICE

FIND THE ROOTS

Circle the word that does not belong to the word-family. Write the שֹׁרֶשׁ of the word-family in the spaces. (The first and the last lines have been done for you.)

					שֹׁרֶשׁ
1	שׁוֹאֶלֶת	שׁוֹאֲלִים	(קוֹרְאִים)	שׁוֹאֵל	ש א ל
2	הוֹלֵךְ	אוֹכֵל	הוֹלֶכֶת	הוֹלְכִים	___ ___ ___
3	אוֹכְלִים	אוֹכְלוֹת	הוֹלְכִים	אוֹכֵל	___ ___ ___
4	לוֹמְדוֹת	לוֹמֵד	לוֹמֶדֶת	עוֹמֵד	___ ___ ___
5	נוֹתֶנֶת	עוֹנִים	נוֹתְנִים	נוֹתֵן	___ ___ ___
6	עוֹנָה	עוֹנֶה	עוֹנִים	לָנִים	___ ___ ___
7	יוֹשְׁבוֹת	יוֹשֶׁבֶת	חוֹשֵׁב	יוֹשֵׁב	___ ___ ___
8	רוֹצוֹת	רוֹאוֹת	רוֹצֶה	רוֹצָה	___ ___ ___
9	בָּאָה	בּוֹרֵא	בּוֹרֵאת	בּוֹרְאִים	___ ___ ___
10	עוֹמֶדֶת	עוֹמְדִים	לוֹמְדוֹת	עוֹמֵד	___ ___ ___
11	אוֹהֵב	אוֹמֵר	אוֹהֲבִים	אוֹהֶבֶת	___ ___ ___
12	אוֹמְרִים	אוֹמְרוֹת	אוֹמֶרֶת	גּוֹמֵר	___ ___ ___
13	בָּאִים	בָּרָא	בָּא	בָּאָה	ב ו א

If you have written the שֹׁרֶשׁ of each verb in its correct space, you will see part of a בְּרָכָה.
Write the three words you discovered:

________________ ________________ ________________

שְׁמַע יִשְׂרָאֵל

The most important statement of Jewish belief is:

שְׁמַע יִשְׂרָאֵל ה׳ אֱלֹהֵינוּ ה׳ אֶחָד

שְׁמַע יִשְׂרָאֵל   The שְׁמַע asks all the people of Israel יִשְׂרָאֵל to **hear** and understand.

ה׳ אֱלֹהֵינוּ   We recite this verse from the Torah (דברים 4:6) in a loud, clear voice and proudly affirm our belief: **God is our God** ה׳ אֱלֹהֵינוּ.
The people of Israel have a special relationship with God.

ה׳ אֶחָד   There is **one God**   ה׳ אֶחָד
He is the God of all people everywhere.

Read the line carefully:

שְׁמַע יִשְׂרָאֵל ה׳ אֱלֹהֵינוּ ה׳ אֶחָד.

Circle the last letter of the first word and the last letter of the last word. Write the two letters ___ ___
These letters form the word עֵד, witness.
Our rabbis say that when a Jew recites the שְׁמַע he is being a witness, עֵד.

1. What do you think the witness is saying:
   a) about God?

   _____

   b) about the Jewish people? _____

   _____

2. Why is the שְׁמַע like a declaration of faith?

   _____

PRAYER

PRACTICE

Read the Siddur passages. Underline words that belong to the (אהב) word family.

1 וְאָהַבְתָּ אֵת ה׳ אֱלֹהֶיךָ.

2 בָּרוּךְ אַתָּה ה׳ הַבּוֹחֵר בְּעַמּוֹ יִשְׂרָאֵל בְּאַהֲבָה.

3 בָּרוּךְ אַתָּה ה׳ מֶלֶךְ אוֹהֵב צְדָקָה וּמִשְׁפָּט.

4 אַהֲבַת עוֹלָם בֵּית יִשְׂרָאֵל עַמְּךָ אָהַבְתָּ.

5 בָּרוּךְ אַתָּה ה׳ אוֹהֵב עַמּוֹ יִשְׂרָאֵל.

6 ה׳ אָהַבְתִּי מְעוֹן בֵּיתֶךָ.

7 כֻּלָּם אֲהוּבִים, כֻּלָּם בְּרוּרִים.

8 אַהֲבָה רַבָּה אֲהַבְתָּנוּ ה׳ אֱלֹהֵינוּ.

9 וְיַחֵד לְבָבֵנוּ לְאַהֲבָה וּלְיִרְאָה אֶת שְׁמֶךָ.

10 וְיָשָׁר וְנֶאֱמָן וְאָהוּב וְחָבִיב.

1. Find the sentence that says "You shall love the Lord Your God."
   Write the number of the line: ___ Write the Hebrew sentence:
   __________ __________ __________ __________
2. Put a square around the words that end with the suffix ךָ.
3. Write the Hebrew for: Your house __________ line #___
   Your name __________ line #___
   Your God __________ line #___
4. Circle the words that end with the suffix נוּ.
   Write the Hebrew word: "Our God"__________
5. The suffix ךָ means:__________
   The suffix נוּ means:__________
6. The שֹׁרֶשׁ (אהב) means: __________

KEY WORDS

In each of the following siddur phrases you will find one of these words: טוֹב שֵׁם
Read the sentences. Underline the key words. (Remember: the words may have different vowels and/or small word parts attached to them.)

1 הוֹדוּ לַה׳ כִּי טוֹב כִּי לְעוֹלָם חַסְדּוֹ.

2 שֵׁכֶל טוֹב לְכָל עֹשֵׂיהֶם.

3 טוֹב לְהוֹדוֹת לַה׳ וּלְזַמֵּר לְשִׁמְךָ עֶלְיוֹן.

4 טוֹב ה׳ לַכֹּל וְרַחֲמָיו עַל כָּל מַעֲשָׂיו.

5 וְדַבְּקֵנוּ בְּיֵצֶר הַטּוֹב וּבְמַעֲשִׂים טוֹבִים.

6 בָּרוּךְ שֵׁם כְּבוֹד מַלְכוּתוֹ לְעוֹלָם וָעֶד.

7 וְקַדֵּשׁ אֶת שִׁמְךָ בְּעוֹלָמֶךָ.

8 כִּי בְשֵׁם קָדְשׁוֹ בָּטָחְנוּ.

9 כֻּלָּנוּ יוֹדְעֵי שְׁמֶךָ וְלוֹמְדֵי תוֹרָתֶךָ לִשְׁמָהּ.

10 בָּרוּךְ עֲדֵי־עַד שֵׁם תְּהִלָּתוֹ.

1 Find the phrase that includes the word טוֹב twice.
Line # ____ Write the two words: __________ __________

2 Find the phrase that includes the two key words טוֹב and שֵׁם.
Line # ____

3 Find words that have the suffix ךָ attached to them.
Circle the suffix ךָ.

4 Find the phrase that says "God is good to everyone." Line # ____

בִּרְכַּת גְאוּלָּה

This בְּרָכָה is a blessing of redemption. It is recited after the שְׁמַע. It praises God and asks God to help us and to redeem us from hardship and oppression. The words מִי כָמוֹכָה בָּאֵלִים ה׳ are from the song of praise that Moses and the Children of Israel sang after God led them from slavery in Egypt to freedom.

1 מִי כָמֹכָה בָּאֵלִם ה׳, מִי כָּמֹכָה נֶאְדָּר בַּקֹּדֶשׁ,

2 נוֹרָא תְהִלֹּת עֹשֵׂה פֶלֶא.

3 שִׁירָה חֲדָשָׁה שִׁבְּחוּ גְאוּלִים לְשִׁמְךָ עַל שְׂפַת

4 הַיָּם, יַחַד כֻּלָּם הוֹדוּ וְהִמְלִיכוּ וְאָמְרוּ:

5 ה׳ יִמְלֹךְ לְעֹלָם וָעֶד.

6 צוּר יִשְׂרָאֵל קוּמָה בְּעֶזְרַת יִשְׂרָאֵל, וּפְדֵה

7 כִנְאֻמֶךָ יְהוּדָה וְיִשְׂרָאֵל. גֹּאֲלֵנוּ ה׳ צְבָאוֹת שְׁמוֹ

8 קְדוֹשׁ יִשְׂרָאֵל.

9 בָּרוּךְ אַתָּה ה׳ גָּאַל יִשְׂרָאֵל.

אֵיפֹה הַטַּלִּית?

בֹּקֶר.

הָאָב, הָאֵם וְהַבֵּן הַקָּטָן בַּבַּיִת.

הָאָב רוֹצֶה אֶת הַטַּלִּית שֶׁלּוֹ.

הוּא שׁוֹאֵל: אִמָּא, אֵיפֹה הַטַּלִּית שֶׁלִּי?

הָאֵם עוֹנָה: הַטַּלִּית שֶׁלְּךָ עַל הַשֻּׁלְחָן.

הָאָב אוֹמֵר: הַטַּלִּית שֶׁלִּי לֹא עַל הַשֻּׁלְחָן.

הָאֵם אוֹמֶרֶת: אוּלַי הַטַּלִּית שֶׁלְּךָ בָּאָרוֹן.

הָאָב הוֹלֵךְ לָאָרוֹן.

הוּא אוֹמֵר: הַטַּלִּית שֶׁלִּי לֹא בָּאָרוֹן.

אֲנִי לֹא יוֹדֵעַ אֵיפֹה הַטַּלִּית שֶׁלִּי.

הָאֵם אוֹמֶרֶת: גַּם אֲנִי לֹא יוֹדַעַת אֵיפֹה הַטַּלִּית.

אוּלַי דָּנִי יוֹדֵעַ אֵיפֹה הַטַּלִּית.

הָאָב הוֹלֵךְ לַחֶדֶר שֶׁל דָּנִי.

אֵיפֹה דָּנִי?

דָּנִי עוֹמֵד עַל־יַד הַשֻּׁלְחָן.

דָּנִי לוֹבֵשׁ אֶת הַטַּלִּית שֶׁל הָאָב.

דָנִי שָׁר: "שְׁמַע יִשְׂרָאֵל".

דָנִי מִתְפַּלֵל.

כַּאֲשֶׁר הָאָב בָּא לַחֶדֶר שֶׁל דָנִי, דָנִי אוֹמֵר:

אַבָּא, אֲנִי לוֹבֵשׁ אֶת הַטַלִית שֶׁלְךָ.

וַאֲנִי שָׁר תְּפִלוֹת.

הָאָב אוֹמֵר: דָנִי, אַתָּה בֶּאֱמֶת יְהוּדִי טוֹב.

COMPLETE THE SENTENCE

Write the Hebrew word that means the same as the English.

1 לָמָה אַתָּה עוֹמֵד בַּחֶדֶר ___שֶׁלְּךָ___ ? your (m)

2 הָאָב ______ מִתְפַּלֵּל בְּבֵית-הַכְּנֶסֶת. my

3 מָה הַשֵּׁם ______ ? your (f)

4 אֵיפֹה הַטַּלִּית ______ ? his

5 הַסִּדּוּר ______ מֵאֶרֶץ יִשְׂרָאֵל. her

6 הַסַּבָּא ______ יוֹדֵעַ אֶת הַכֹּל. his

7 אֲנִי אוֹהֶבֶת אֶת הָאֵם ______. my

8 הַכִּפָּה ______ בָּאָרוֹן. your (m)

WORDS TO STUDY

- mother אֵם (אִמָּא)
- maybe אוּלַי
- truth אֱמֶת
- בֶּאֱמֶת in truth, truly
- ark, closet אָרוֹן
- טַלִּית prayer shawl
- יְהוּדִי, יְהוּדִים Jew(s)
- יוֹדֵעַ, יוֹדַעַת know (ידע)
- wear לוֹבֵשׁ (לבש)
- שֶׁלּוֹ, שֶׁלָּהּ his, hers
- תְּפִלָּה, תְּפִלּוֹת prayer(s)

READING COMPREHENSION

*Check the phrase that best completes each
sentence according to the story.*

1. The father wants . . .
___ to sit at the table.
✓ his prayer shawl.
___ to be in the synagogue.

2. Danny is . . .
___ in school.
___ outside.
___ in his room.

3. The mother says:
___ Your prayer shawl is very big.
___ Maybe it is in the closet.
___ You are wearing your prayer shawl.

4. Danny says to his father:
___ I am wearing your prayer shawl.
___ Where is my prayer shawl?
___ I don't know where it is.

SIDDUR SEARCH

*Circle the סִדּוּר word that
means the same as the English.*

1 our father   אָבִינוּ מַלְכֵּנוּ חָנֵּנוּ וַעֲנֵנוּ.

2 because   כִּי אֵל גָדוֹל ה׳.

3 (and) creates   יוֹצֵר אוֹר וּבוֹרֵא חשֶׁךְ.

4 from   מִן הָעוֹלָם וְעַד הָעוֹלָם.

5 in truth   לְשִׁמְךָ הַגָדוֹל סֶלָה, בֶּאֱמֶת.

6 name   יְהִי שֵׁם ה׳ מְבֹרָךְ מֵעַתָּה וְעַד עוֹלָם.

7 the land   עַל הָאָרֶץ הַטּוֹבָה אֲשֶׁר נָתַן לָךְ.

8 good   טוֹב יָצַר כָּבוֹד לִשְׁמוֹ.

9 knows   אֶחָד מִי יוֹדֵעַ?

10 to the sons   וּבְרִית אָבוֹת לַבָּנִים תִּזְכּוֹר.

27

טַלִית

The טַלִית (prayer shawl) is worn at תְּפִלַּת שַׁחֲרִית (Morning Service) on שַׁבָּת and weekday mornings. It is not worn at the afternoon or evening services (except on Tisha B'av and on the night of Yom Kippur).

The טַלִית has צִיצִיּוֹת (fringes) attached to its four corners. The צִיצִיּוֹת (fringes) remind us of God's מִצְוֹת (commandments) and of our obligation to do them.

Before putting on the טַלִית, this בְּרָכָה is recited:

בָּרוּךְ אַתָּה ה׳ אֱלֹהֵינוּ מֶלֶךְ הָעוֹלָם

אֲשֶׁר קִדְּשָׁנוּ בְּמִצְוֹתָיו וְצִוָּנוּ לְהִתְעַטֵּף בַּצִּיצִת.

Blessed are You, Lord our God, King of the universe who has made us holy with his commandments and commanded us to wear צִיצִת.

WORD PUZZLE

Write the English words that mean the same as the Hebrew words. Find the Hebrew words in the puzzle and shade them in.

ב	א	י	א	ק
ו	ו	ה	ו	ו
ר	מ	ו	ל	ר
א	ר	ד	י	א
ב	ת	י	א	י
צ	ט	שׁ	נ	ו
י	ל	ל	ח	ד
צ	י	ו	נ	ע
ת	ת	שׁ	ו	ת
כ	ל	ל	מ	ב
י	ה	ך	ת	ר
א	ת	ל	פ	כ
ר	ע	ו	ל	ה
ו	ט	ב	ל	שׁ
ן	ף	שׁ	ת	ר

1 אוֹמֶרֶת says
2 בְּרָכָה ______
3 טַלִּית ______
4 לוֹבֵשׁ ______
5 יוֹדַעַת ______
6 שֶׁלּוֹ ______
7 קוֹרֵא ______
8 אוּלַי ______
9 שָׁר ______
10 אָרוֹן ______
11 בּוֹרֵא ______
12 מִתְפַּלֶּלֶת ______
13 יְהוּדִי ______
14 כִּי ______
15 שֶׁלְּךָ ______
16 אֲנַחְנוּ ______

1 Write the English for each Hebrew word.
2 Find the Hebrew words in the puzzle. (Read down.) Shade them in.
3 Write the two remaining Hebrew words:

_ _ _ _ _   _ _ _ _ _ _

29

These סִדּוּר sentences tell us about God. You know the meaning of many of the words. Read the sentences and underline the words you understand.

1 הוּא נוֹתֵן לֶחֶם לְכָל בָּשָׂר.

2 בָּרוּךְ אַתָּה ה׳, נוֹתֵן הַתּוֹרָה.

3 גָּדוֹל ה׳ וּמְהֻלָּל מְאֹד.

4 עוֹשֶׂה שָׁלוֹם וּבוֹרֵא אֶת הַכֹּל.

5 טוֹב ה׳ לַכֹּל וְרַחֲמָיו עַל כָּל מַעֲשָׂיו.

6 בָּרוּךְ אַתָּה ה׳ אוֹהֵב עַמּוֹ יִשְׂרָאֵל.

7 הוּא יַעֲשֶׂה שָׁלוֹם עָלֵינוּ וְעַל כָּל יִשְׂרָאֵל.

Write the number of the phrase that tells you:

God is the Creator.	line # _____
God is great.	line # _____
God is good.	line # _____
God loves us.	line # _____
God brings peace to all.	line # _____
God gives us the Torah.	line # _____
God gives us food.	line # _____

PRAYER

PRACTICE

COMPLETE THE PHRASE

Complete each siddur phrase with the correct word.

1 אֶחָד מִי ___יוֹדֵעַ___? — Who *knows* one?

2 בָּרוּךְ אַתָּה ה׳ עוֹשֶׂה ________. — Blessed are you God, who makes *peace*.

3 מוֹדֶה ________ לְפָנֶיךָ. — *I* give thanks to you.

4 ________ יְבָרֵךְ אֶת אָבִי. — *He* will bless my father.

5 אֵל שׁוֹמֵעַ ________. — A God who listens to *prayers*.

6 בָּרוּךְ ________ וְעוֹשֶׂה. — Blessed (is he who) *says* and does.

7 ________ עַמּוֹ יִשְׂרָאֵל. — (Who) *loves* his people Israel.

8 ________ לְהוֹדוֹת לַה׳. — (It is) *good* to give thanks to God.

9 אֱלֹהֵינוּ ________ הָעוֹלָם. — Our God, *King* of the world.

10 ________ חַיִּים הִיא. — (It is) a *tree* of life.

Read the סִדּוּר passages. Underline the words that belong to the (שׂים) and (שׁיר) word families.

1 שִׁירוּ לַה׳ כָּל הָאָרֶץ.

2 שִׂים שָׁלוֹם טוֹבָה וּבְרָכָה עָלֵינוּ.

3 וְזֹאת הַתּוֹרָה אֲשֶׁר שָׂם מֹשֶׁה לִפְנֵי בְּנֵי יִשְׂרָאֵל.

4 אֲשֶׁר לֹא שָׂמָנוּ כְּגוֹיֵי הָאֲרָצוֹת.

5 אָז יָשִׁיר מֹשֶׁה וּבְנֵי יִשְׂרָאֵל.

6 וְשַׂמְתָּ שְׁמוֹ אַבְרָהָם.

7 אָשִׁירָה לַה׳ כִּי גָמַל עָלָי.

8 שָׁלוֹם רָב עַל יִשְׂרָאֵל עַמְּךָ תָּשִׂים.

9 וּבְשִׁירֵי דָוִד עַבְדֶּךָ נְהַלֶּלְךָ.

10 וְתוֹרָתְךָ וּדְבָרְךָ יָשִׂים עַל לִבּוֹ.

1 Find the passages that mention Moses.
Line #____ Line #____

2 Find the passage that mentions David.
Line #____

3 Find the passage that mentions Abraham.
Line #____

4 You know all the words in line #1.
Translate: ______________________________

5 Find the passage that say Moses and the Children of Israel sang. Line #____

6 Find the passage that says Moses put (placed) the Torah before the Children of Israel. Line #____

7 Find the passages that speak of peace.
Line #____ Line #____

PRAYER

PRACTICE

אַהֲבָה רַבָּה

In this prayer we praise God's great love for the people of Israel. We ask God to help us study and understand the Torah. This prayer is recited after יוֹצֵר אוֹר and before the שְׁמַע. Practice reciting the prayer.

FLUENT
SIDDUR

READING

1 אַהֲבָה רַבָּה אֲהַבְתָּנוּ ה׳ אֱלֹהֵינוּ,

2 חֶמְלָה גְדוֹלָה וִיתֵרָה חָמַלְתָּ עָלֵינוּ.

3 אָבִינוּ מַלְכֵּנוּ, בַּעֲבוּר אֲבוֹתֵינוּ שֶׁבָּטְחוּ בְךָ

4 וַתְּלַמְּדֵם חֻקֵּי חַיִּים כֵּן תְּחָנֵּנוּ וּתְלַמְּדֵנוּ.

5 אָבִינוּ הָאָב הָרַחֲמָן, הַמְרַחֵם, רַחֵם עָלֵינוּ

6 וְתֵן בְּלִבֵּנוּ לְהָבִין וּלְהַשְׂכִּיל לִשְׁמֹעַ לִלְמֹד וּלְלַמֵּד

7 לִשְׁמֹר וְלַעֲשׂוֹת וּלְקַיֵּם אֶת כָּל דִּבְרֵי תַלְמוּד תּוֹרָתֶךָ בְּאַהֲבָה.

8 וְהָאֵר עֵינֵינוּ בְּתוֹרָתֶךָ וְדַבֵּק לִבֵּנוּ בְּמִצְוֹתֶיךָ

9 וְיַחֵד לְבָבֵנוּ לְאַהֲבָה וּלְיִרְאָה אֶת שְׁמֶךָ

10 וְלֹא נֵבוֹשׁ לְעוֹלָם וָעֶד.

11 בָּרוּךְ אַתָּה ה׳ הַבּוֹחֵר בְּעַמּוֹ יִשְׂרָאֵל בְּאַהֲבָה.

1 Find and underline the words related to the שֹׁרֶשׁ (אהב).

2. Write three words that you underlined:

_____ _____ _____

LESSON 4 שִׁעוּר

בָּרוּךְ ה׳ בּוֹרֵא אֶת הַכֹּל

הַמִּשְׁפָּחָה יוֹשֶׁבֶת עַל־יַד הַשֻּׁלְחָן.

הָאָב אוֹמֵר אֶת הַבְּרָכָה עַל הַלֶּחֶם.

הַמִּשְׁפָּחָה אוֹמֶרֶת: אָמֵן.

הַמִּשְׁפָּחָה אוֹכֶלֶת אֶת הָאֹכֶל.

הַבֵּן אוֹמֵר: הַפֵּרוֹת טוֹבִים.

בָּרוּךְ הָעֵץ, אֲשֶׁר נוֹתֵן לָנוּ פֵּרוֹת טוֹבִים.

הַבַּת אוֹמֶרֶת: אֲנִי אוֹהֶבֶת אֶת הַלֶּחֶם.

בְּרוּכָה הָאֲדָמָה, אֲשֶׁר נוֹתֶנֶת לָנוּ לֶחֶם טוֹב.

הָאֵם אוֹמֶרֶת: בָּרוּךְ ה׳ אֱלֹהֵינוּ, כִּי הוּא נוֹתֵן

לֶחֶם וְאֹכֶל לָנוּ וְגַם לָעוֹלָם.

בָּרוּךְ ה׳ אֱלֹהֵינוּ כִּי הוּא בּוֹרֵא אֶת הַכֹּל.

WORDS
TO STUDY

אֲדָמָה
earth, ground

food   אֹכֶל

our God   אֱלֹהֵינוּ

Amen   אָמֵן

that, who   אֲשֶׁר

בָּרוּךְ, בְּרוּכָה
blessed

to us   לָנוּ

family   מִשְׁפָּחָה

עוֹלָם
world, universe

BINGO

Match each English word with a Hebrew word on the Bingo card. Write the number of the English word in the correct space.

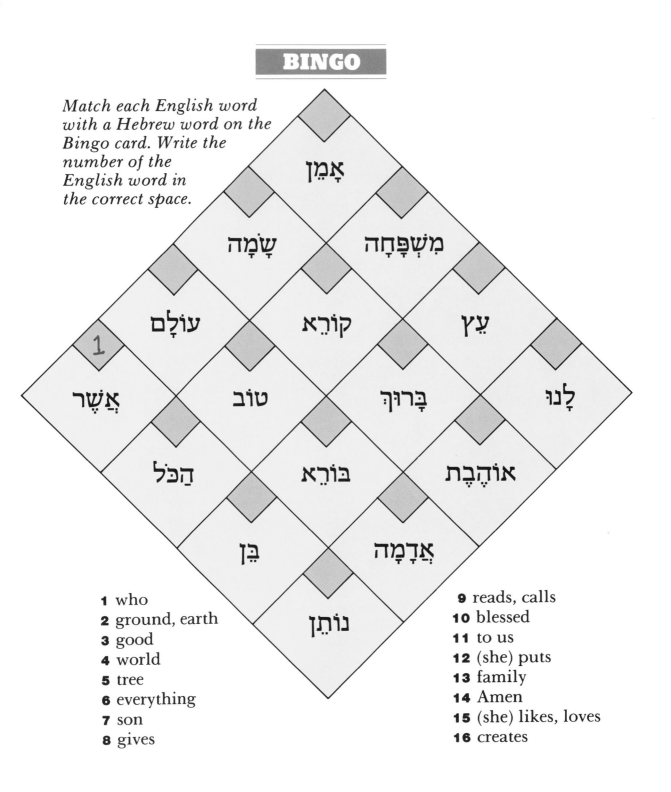

אָמֵן

שָׂמָה   מִשְׁפָּחָה

עוֹלָם   קוֹרֵא   עֵץ

1 אֲשֶׁר   טוֹב   בָּרוּךְ   לָנוּ

הַכֹּל   בּוֹרֵא   אוֹהֶבֶת

בֵּן   אֲדָמָה

נוֹתֵן

1 who
2 ground, earth
3 good
4 world
5 tree
6 everything
7 son
8 gives

9 reads, calls
10 blessed
11 to us
12 (she) puts
13 family
14 Amen
15 (she) likes, loves
16 creates

BE A SIDDUR

TRANSLATOR

Circle the Hebrew word that means the same as the English.

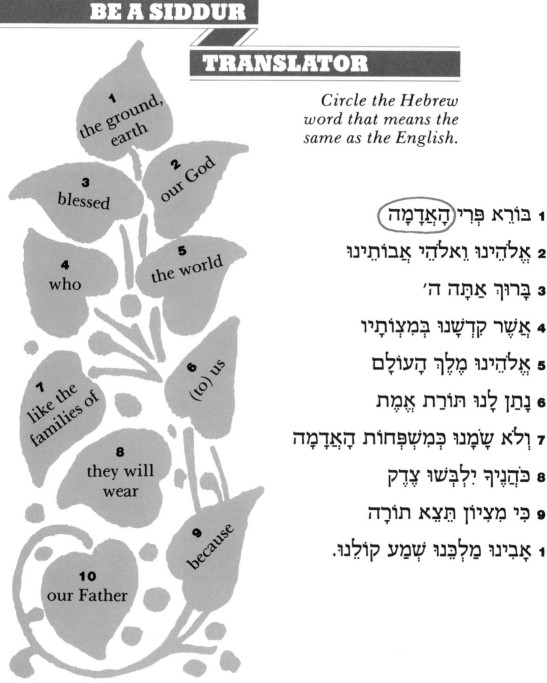

1. the ground, earth
2. our God
3. blessed
4. who
5. the world
6. (to) us
7. like the families of
8. they will wear
9. because
10. our Father

1 בּוֹרֵא פְּרִי הָאֲדָמָה

2 אֱלֹהֵינוּ וֵאלֹהֵי אֲבוֹתֵינוּ

3 בָּרוּךְ אַתָּה ה׳

4 אֲשֶׁר קִדְּשָׁנוּ בְּמִצְוֹתָיו

5 אֱלֹהֵינוּ מֶלֶךְ הָעוֹלָם

6 נָתַן לָנוּ תּוֹרַת אֱמֶת

7 וְלֹא שָׂמָנוּ כְּמִשְׁפְּחוֹת הָאֲדָמָה

8 כֹּהֲנֶיךָ יִלְבְּשׁוּ צֶדֶק

9 כִּי מִצִּיּוֹן תֵּצֵא תוֹרָה

10 אָבִינוּ מַלְכֵּנוּ שְׁמַע קוֹלֵנוּ.

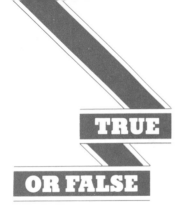
Read each of the following sentences and decide whether it is true or false, according to the story. Circle the letter in the correct column—כֵּן or לֹא, then copy each circled letter in the matching blank space below. When you finish, you will find the name of an important prayer.

	לֹא	כֵּן
1 הַמִשְׁפָּחָה יוֹשֶׁבֶת עַל־יַד הַשֻׁלְחָן.	א	ⓑ
2 הַבֵּן וְהַבַּת עוֹמְדִים עַל־יַד הַדֶּלֶת.	ר	ד
3 הָאֵם שָׂמָה לֶחֶם בָּאָרוֹן.	כּ	ו
4 הַבַּת אוֹהֶבֶת אֶת הַלֶחֶם.	ן	ת
5 הָאֵם אוֹמֶרֶת בְּרָכָה.	ב	ה
6 הָאָב לֹא אוֹכֵל.	מ	ע
7 ה׳ בּוֹרֵא אֶת הַכֹּל.	ן	ז
8 הָאָב אוֹמֵר בְּרָכָה.	ל	ו
9 הַבֵּן שָׂם פְּרִי עַל הָעֵץ.	ן	מ

○ ○ ○ ○ ○   ○ ○ ○ ⓜ

9　8　7　6　5　　4　3　2　1

When do we say this prayer?＿＿＿＿＿＿

PRAYER

PRACTICE

In each סִדּוּר passage you will find one of these key words: עוֹלָם, לָנוּ.

Practice reading the passages. Circle the key words.

1 אֲשֶׁר בָּחַר בָּנוּ מִכָּל הָעַמִּים, וְנָתַן לָנוּ אֶת תּוֹרָתוֹ.

2 אֵין לָנוּ מֶלֶךְ אֶלָּא אַתָּה.

3 בָּרוּךְ אַתָּה ה׳ אֱלֹהֵינוּ מֶלֶךְ הָעוֹלָם...

4 אֲדוֹן עוֹלָם אֲשֶׁר מָלַךְ.

5 גָּדְלוֹ וְטוּבוֹ מָלֵא עוֹלָם.

6 לֹא לָנוּ, ה׳, לֹא לָנוּ, כִּי לְשִׁמְךָ תֵּן כָּבוֹד.

7 סְלַח לָנוּ, אָבִינוּ, כִּי חָטָאנוּ.

8 אֵלּוּ דְבָרִים שֶׁאָדָם אוֹכֵל פֵּרוֹתֵיהֶם בָּעוֹלָם הַזֶּה...

9 וְקַדֵּשׁ אֶת שִׁמְךָ בְּעוֹלָמֶךָ.

10 וְעַל יוֹם הַשַּׁבָּת הַזֶּה שֶׁנָּתַתָּ לָנוּ ה׳ אֱלֹהֵינוּ...

1 Find the passage that tells us God gave us the Torah.
Line # ______

2 Find the passage that tells us God gave us the Shabbat.
Line # ______

FAMILIAR WORDS

Here are some סִדּוּר *passages. Can you find a familiar word in each of the underlined words?*
Write the familiar Hebrew word and its English meaning.

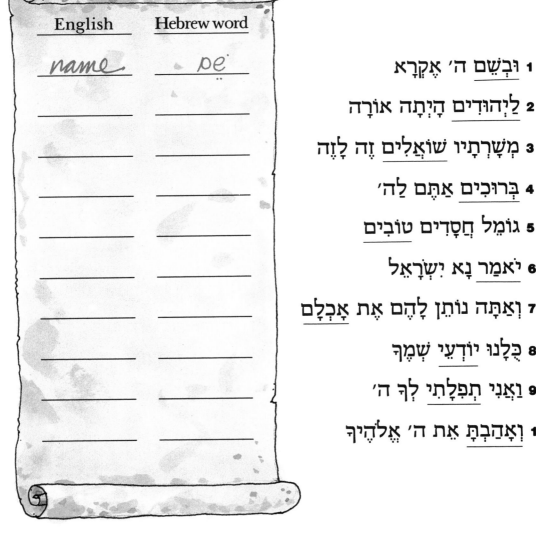

English	Hebrew word
name	שֵׁם

1 וּבְשֵׁם ה׳ אֶקְרָא

2 לַיְּהוּדִים הָיְתָה אוֹרָה

3 מְשָׁרְתָיו שׁוֹאֲלִים זֶה לָזֶה

4 בְּרוּכִים אַתֶּם לַה׳

5 גּוֹמֵל חֲסָדִים טוֹבִים

6 יֹאמַר נָא יִשְׂרָאֵל

7 וְאַתָּה נוֹתֵן לָהֶם אֶת אָכְלָם

8 כֻּלָּנוּ יוֹדְעֵי שְׁמֶךָ

9 וַאֲנִי תְפִלָּתִי לְךָ ה׳

10 וְאָהַבְתָּ אֵת ה׳ אֱלֹהֶיךָ

בִּרְכַּת הַמָּזוֹן (Second בְּרָכָה)

Before we eat, we recite הַמּוֹצִיא — the בְּרָכָה over bread.

After we eat, we recite בִּרְכַּת הַמָּזוֹן — a prayer of thanks.

In the first בְּרָכָה of בִּרְכַּת הַמָּזוֹן (you practiced reading it in Book 1) we thank God for the food we have eaten.

In the second בְּרָכָה of בִּרְכַּת הַמָּזוֹן, we thank God for giving us אֶרֶץ יִשְׂרָאֵל, for bringing us out of the land of Egypt and for giving us the תּוֹרָה.

Practice reading this בְּרָכָה.

1 נוֹדֶה לְּךָ ה׳ אֱלֹהֵינוּ עַל שֶׁהִנְחַלְתָּ לַאֲבוֹתֵינוּ
אֶרֶץ חֶמְדָּה טוֹבָה וּרְחָבָה

2 וְעַל שֶׁהוֹצֵאתָנוּ ה׳ אֱלֹהֵינוּ מֵאֶרֶץ מִצְרַיִם, וּפְדִיתָנוּ
מִבֵּית עֲבָדִים

3 וְעַל בְּרִיתְךָ שֶׁחָתַמְתָּ בִּבְשָׂרֵנוּ

4 וְעַל תּוֹרָתְךָ שֶׁלִּמַּדְתָּנוּ, וְעַל חֻקֶּיךָ שֶׁהוֹדַעְתָּנוּ

5 וְעַל חַיִּים חֵן וָחֶסֶד שֶׁחוֹנַנְתָּנוּ

6 וְעַל אֲכִילַת מָזוֹן שָׁאַתָּה זָן וּמְפַרְנֵס אוֹתָנוּ תָּמִיד

7 בְּכָל יוֹם וּבְכָל עֵת וּבְכָל שָׁעָה

8 וְעַל הַכֹּל, ה׳ אֱלֹהֵינוּ, אֲנַחְנוּ מוֹדִים לָךְ וּמְבָרְכִים אוֹתָךְ

9 יִתְבָּרַךְ שִׁמְךָ בְּפִי כָּל חַי תָּמִיד לְעוֹלָם וָעֶד

10 כַּכָּתוּב: וְאָכַלְתָּ וְשָׂבָעְתָּ, וּבֵרַכְתָּ אֶת ה׳ אֱלֹהֶיךָ

11 עַל הָאָרֶץ הַטּוֹבָה אֲשֶׁר נָתַן לָךְ

12 בָּרוּךְ אַתָּה ה׳, עַל הָאָרֶץ וְעַל הַמָּזוֹן.

Checkpoint

LESSONS 1-4

checkpoint 1

Circle the English word that means the same as the underlined Hebrew word.

mother name tree son

1 בָּרוּךְ שֵׁם כְּבוֹד מַלְכוּתוֹ

puts knows says loves

2 בָּרוּךְ אַתָּה ה׳ אוֹהֵב עַמּוֹ יִשְׂרָאֵל

to us them me you

3 וְנָתַן לָנוּ אֶת תּוֹרָתוֹ

happy good blessed great

4 טוֹב ה׳ לַכֹּל

we you they she

5 כִּי הֵם חַיֵּינוּ וְאֹרֶךְ יָמֵינוּ

prayers Torah thanks books

6 אֵל שׁוֹמֵעַ תְּפִלּוֹת

great creator blessed good

7 בָּרוּךְ ה׳ הַמְבֹרָךְ לְעוֹלָם וָעֶד

because when from who

8 הוֹדוּ לַה׳ כִּי טוֹב

family closet earth world

9 אֲדוֹן עוֹלָם אֲשֶׁר מָלַךְ

42

checkpoint 2

Circle the Hebrew word that makes the Hebrew sentence mean the same as the English

Our God, King of the universe	**1** ______ מֶלֶךְ הָעוֹלָם
	אֱלֹהֶיךָ אֱלֹהִים אֵל אֱלֹהֵינוּ
Honoring father and mother	**2** כִּבּוּד ______ וָאֵם
	סַבָּא בֵּן בַּת אָב
The Jews had light and joy	**3** לַ______ הָיְתָה אוֹרָה וְשִׂמְחָה.
	יְהוּדִים מִשְׁפָּחָה יְלָדִים מוֹרִים
Who made us holy with His commandments	**4** ______קִדְּשָׁנוּ בְּמִצְוֹתָיו
	אַחֲרֵי אוּלַי אֲשֶׁר אָמֵן

checkpoint 3

Write the number of each word next to its שֹׁרֶשׁ. Then write the English meaning next to each שֹׁרֶשׁ.

1 לִקְרֹא	____	(אהב)	______
2 שֶׁיָּדַעְנוּ	____	(ברא)	______
3 וְאוֹמְרִים	1	(קרא)	read, call
4 אָהַבְתִּי	____	(אכל)	______
5 הַמְבֹרָךְ	____	(ידע)	______
6 לִלְמֹד	____	(שׂים)	______
7 תָּשִׂים	____	(ברכ)	______
8 וְנָתְנוּ	____	(אמר)	______
9 וְאָכַלְתָּ	____	(למד)	______
10 בּוֹרֵא	____	(נתנ)	______

גַּם לֶאֱכֹל — זֹאת מִצְוָה

כָּל הַמִּשְׁפָּחָה יוֹשֶׁבֶת עַל־יַד הַשֻּׁלְחָן.

הָאֵם שָׂמָה אֶת הָאֹכֶל עַל הַשֻּׁלְחָן.

הִיא שׁוֹאֶלֶת: מִי יוֹדֵעַ אֵיפֹה שְׁלֹמֹה?

לָמָּה שְׁלֹמֹה לֹא בָּא לַשֻּׁלְחָן?

הַבַּת עוֹנָה: שְׁלֹמֹה בַּחֶדֶר שֶׁלּוֹ.

הוּא יוֹשֵׁב וְלוֹמֵד.

הָאָב קָם וְהוֹלֵךְ לַחֶדֶר שֶׁל שְׁלֹמֹה.

הוּא אוֹמֵר: שְׁלֹמֹה, אֲנַחְנוּ אוֹכְלִים עַכְשָׁו.

לָמָּה אַתָּה יוֹשֵׁב בַּחֶדֶר שֶׁלְּךָ?

שְׁלֹמֹה אוֹמֵר: אֲנִי לֹא רוֹצֶה לֶאֱכֹל עַכְשָׁו.

אֲנִי רוֹצֶה לִלְמֹד תּוֹרָה.

הָאָב שׁוֹאֵל: לָמָּה אַתָּה רוֹצֶה לִלְמֹד תּוֹרָה עַכְשָׁו?

אִמָּא שָׂמָה אֶת הָאֹכֶל עַל הַשֻּׁלְחָן.

שְׁלֹמֹה עוֹנֶה:

הַיּוֹם הַמּוֹרֶה אָמַר שֶׁה׳ קִדְּשׁ אוֹתָנוּ בְּמִצְווֹת שֶׁלּוֹ

וְצִוָּה אוֹתָנוּ לִלְמֹד תּוֹרָה.

הָאָב אוֹמֵר: הַמּוֹרֶה אָמַר אֶת הָאֱמֶת

אֲבָל הַמִּשְׁפָּחָה אוֹכֶלֶת עַכְשָׁו.

שְׁלֹמֹה אוֹמֵר: אֲבָל, אַבָּא אֲנִי רוֹצֶה לַעֲשׂוֹת

אֶת הַמִּצְוָה עַכְשָׁו.

הָאָב אוֹמֵר: אֲנִי בֶּאֱמֶת שָׂמֵחַ שֶׁאַתָּה רוֹצֶה לַעֲשׂוֹת

אֶת הַמִּצְוָה עַכְשָׁו —

אֲבָל — עַכְשָׁו אֲנַחְנוּ אוֹכְלִים וְגַם אַתָּה אוֹכֵל.

גַּם לֶאֱכֹל — זֹאת מִצְוָה!

45

A SAGE SAYING

Write the Hebrew for the English words. Write one letter in each blank space, leaving out the vowels. Now write every letter that has a number under it in the corresponding space at the bottom of the page. When you finish, you will find a popular saying of our Sages.

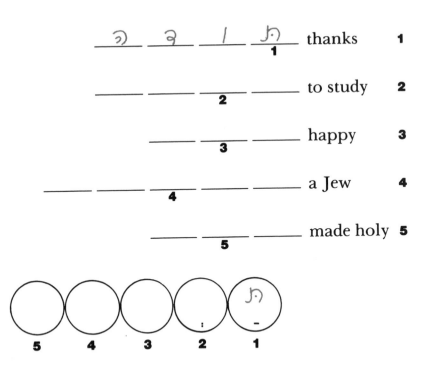

ה ___ ד ___ ו ___ ת ___ (1) thanks **1**

___ ___ ___ (2) ___ to study **2**

___ ___ (3) ___ happy **3**

___ ___ ___ (4) ___ ___ a Jew **4**

___ ___ (5) ___ made holy **5**

5	4	3	2	1
				ת

WORDS TO STUDY

but	אֲבָל
us	אוֹתָנוּ
(he) said	אָמַר (אמר)
to eat	לֶאֱכֹל (אכל)
to study	לִלְמֹד (למד)
to do	לַעֲשׂוֹת (עשה)
mitzvah, commandment(s)	מִצְוָה, מִצְוֹת
now	עַכְשָׁו
(he) commanded	צִוָּה (צוה)
(he) made holy	קִדֵּשׁ (קדש)
that, which, who	שֶׁ___, אֲשֶׁר
happy	שָׂמֵחַ , שְׂמֵחָה

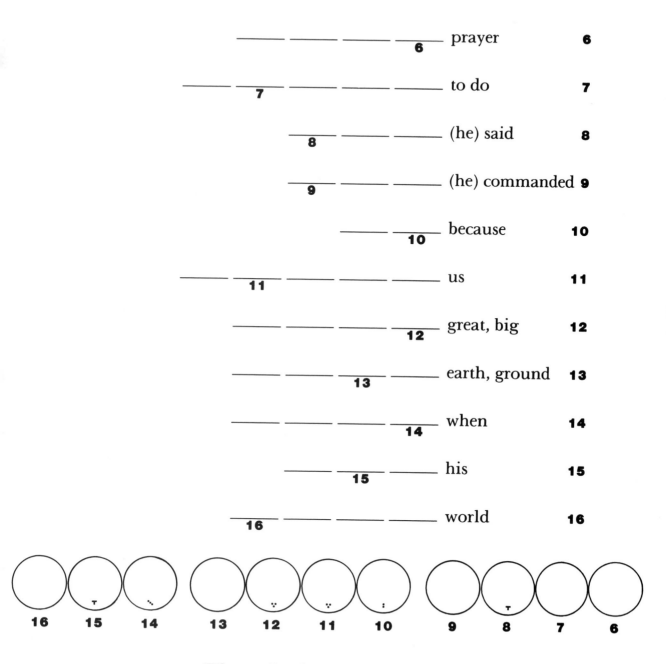

—— —— —— ——6 prayer   **6**

—— ——7 —— —— —— to do   **7**

——8 —— —— (he) said   **8**

——9 —— —— (he) commanded   **9**

—— ——10 because   **10**

—— ——11 —— —— —— us   **11**

—— —— ——12 great, big   **12**

—— ——13 —— earth, ground   **13**

—— —— ——14 when   **14**

——15 —— his   **15**

——16 —— —— —— world   **16**

16 **15** **14**   **13** **12** **11** **10**   **9** **8** **7** **6**

(The study of Torah is equal to all other mitzvot).

A word is missing in each Hebrew phrase.
Write the Hebrew word that will make the
Hebrew mean the
same as the English.

BE A

TRANSLATOR

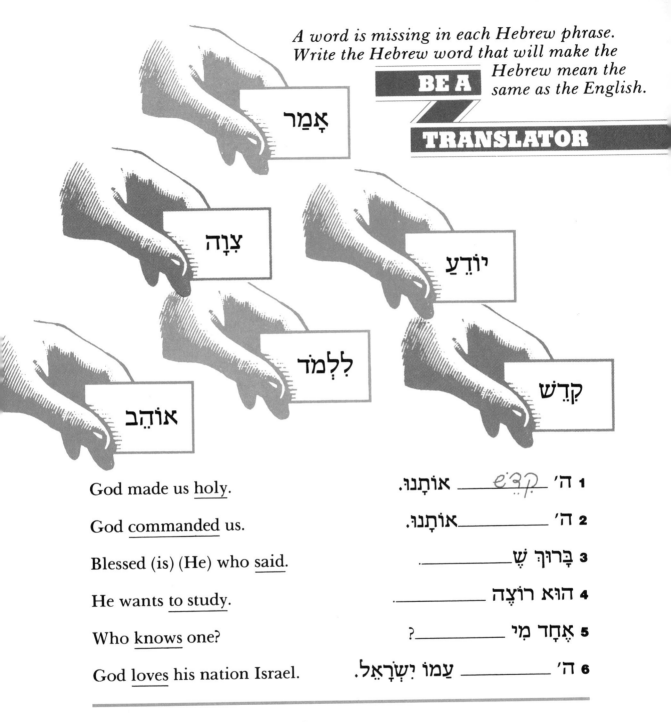

אָמַר

צַוָּה

יוֹדֵעַ

לִלְמֹד

קַדֵּשׁ

אוֹהֵב

God made us <u>holy</u>.	1 ה׳ _____ קדש אוֹתָנוּ.
God <u>commanded</u> us.	2 ה׳ _____ אוֹתָנוּ.
Blessed (is) (He) who <u>said</u>.	3 בָּרוּךְ שֶׁ _____
He wants <u>to study</u>.	4 הוּא רוֹצֶה _____
Who <u>knows</u> one?	5 אֶחָד מִי _____ ?
God <u>loves</u> his nation Israel.	6 ה׳ _____ עַמּוֹ יִשְׂרָאֵל.

Write the שֹׁרֶשׁ of these words.

קָדְשָׁנוּ	אוֹמְרִים	וְיָדַעְתָּ	וְאָהַבְתָּ	מִצְוָה	יִלְמְדוּ
(___)	(___)	(___)	(___)	(___)	(למד)

PRAYER PRACTICE

Read these סִדּוּר passages, and underline the word related to the שֹׁרֶשׁ (קדשׁ).

When (קדשׁ) is found in a Hebrew word, we know that "holy" is part of the word's meaning.

1 אֲשֶׁר קִדְּשָׁנוּ בְּמִצְוֹתָיו

2 בָּרוּךְ אַתָּה ה׳ מְקַדֵּשׁ הַשַּׁבָּת

3 וִהְיִיתֶם קְדשִׁים לֵאלֹהֵיכֶם

4 קָדוֹשׁ, קָדוֹשׁ, קָדוֹשׁ ה׳ צְבָאוֹת

5 כִּי קָדוֹשׁ ה׳ אֱלֹהֵינוּ

6 בָּרוּךְ אַתָּה ה׳, הָאֵל הַקָּדוֹשׁ

7 אַתָּה קָדוֹשׁ וְשִׁמְךָ קָדוֹשׁ

8 וּקְדוֹשִׁים בְּכָל יוֹם יְהַלְלוּךָ

9 וְאוֹתָנוּ קִדַּשְׁתָּ מִכָּל הָעַמִּים

10 וְשַׁבַּת קָדְשׁוֹ בְּאַהֲבָה וּבְרָצוֹן הִנְחִילָנוּ

1 Find a passage that says God makes Shabbat holy.
Line #_______

2 Find a passage that says God is holy.
Line #_______

3 Find a passage that says: Who made us holy with His commandments.
Line #_______

49

THE SUFFIX נוּ (our, ours, us)

In Hebrew, we have two ways of saying "He made us holy."
We can say: קִדֵּשׁ אוֹתָנוּ
or we can say it in one word: קִדְּשָׁנוּ.

1 To form the word קִדְּשָׁנוּ, what part of the word אוֹתָנוּ do we attach to the word קִדֵּשׁ? ________

2 Write the part of אוֹתָנוּ we do not use: ________

3 Now write קִדֵּשׁ + אוֹתָנוּ in one word: ________

4 What does the suffix נוּ mean? ________

Match the words on the right to the Hebrew words on the left that have the same meaning.

שַׂמַּח + אוֹתָנוּ ___	1 קִדְּשָׁנוּ (He made us holy)
שֶׁבָּרָא + אוֹתָנוּ ___	2 צִוָּנוּ (He commanded us)
צִוָּה + אוֹתָנוּ ___	3 שֶׁבְּרָאָנוּ (Who created us)
וְהַעֲמֵד + אוֹתָנוּ ___	4 בָּרְכֵנוּ (Bless us)
קִדֵּשׁ + אוֹתָנוּ 1	5 שַׂמְּחֵנוּ (Make us happy)
בָּרֵךְ + אוֹתָנוּ ___	6 וְהַעֲמִידֵנוּ (And make us stand up)

PHRASE MATCH

Write the number of the Hebrew phrase next to the English phrase that has the same meaning.

	God made us holy.	ה׳ צִוָּה אוֹתָנוּ	1
	Blessed are You, God	הַמִּצְוֹת שֶׁלּוֹ	2
	Our God, King of the world	ה׳ קִדֵּשׁ אוֹתָנוּ	3
	Our Father, Our King	הוּא נוֹתֵן לֶחֶם	4
1	God commanded us.	אֱלֹהֵינוּ מֶלֶךְ הָעוֹלָם	5
	You are holy and Your name is holy.	בָּרוּךְ אַתָּה ה׳	6
	For (on) the good land	טוֹב ה׳ לַכֹּל	7
	God is good to everyone.	אַתָּה קָדוֹשׁ וְשִׁמְךָ קָדוֹשׁ	8
	He gives bread.	עַל הָאָרֶץ הַטּוֹבָה	9
	His commandments	אָבִינוּ מַלְכֵּנוּ	10

DEVELOPING THE ROOT

(קדש) is part of many important words.

Write the letters קדש in the blank spaces. Match each phrase with the picture that belongs to it. Write the number of the phrase in the circle under each picture.

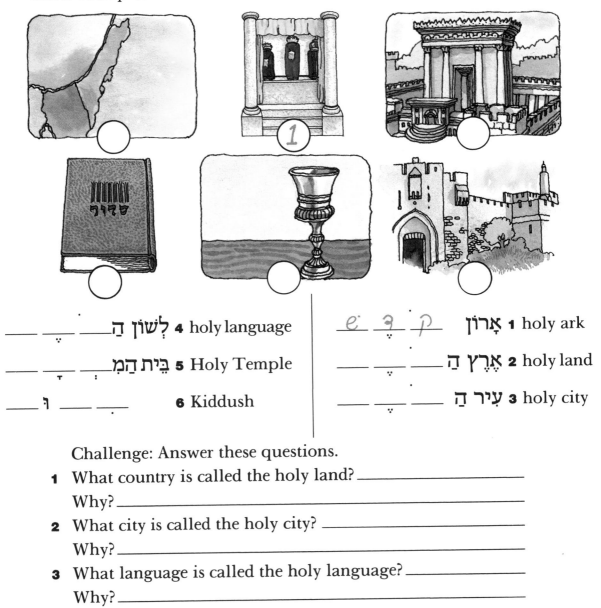

1 holy ark אָרוֹן ___ ___ ___

2 holy land אֶרֶץ הַ___ ___ ___

3 holy city עִיר הַ___ ___ ___

4 holy language לְשׁוֹן הַ___ ___ ___

5 Holy Temple בֵּית הַמִ___ ___ ___

6 Kiddush ___ ___ ___ וּ___

Challenge: Answer these questions.

1 What country is called the holy land? ______________________

Why? ______________________

2 What city is called the holy city? ______________________

Why? ______________________

3 What language is called the holy language? ______________________

Why? ______________________

FLUENT SIDDUR READING

קְדוּשָּׁה

Practice reading this תְּפִלָּה. This קְדוּשָּׁה is recited on שַׁבָּת morning when the Cantor repeats the עֲמִידָה aloud. The קְדוּשָּׁה is recited while standing and only when a מִנְיָן of ten Jews is present. The קְדוּשָּׁה declares God's holiness. How many times does the שֹׁרֶשׁ (קדשׁ) appear?______

1 נְקַדֵּשׁ אֶת שִׁמְךָ בָּעוֹלָם כְּשֵׁם שֶׁמַּקְדִּישִׁים אוֹתוֹ בִּשְׁמֵי מָרוֹם

2 כַּכָּתוּב עַל יַד נְבִיאֶךָ וְקָרָא זֶה אֶל זֶה וְאָמַר:

3 קָדוֹשׁ קָדוֹשׁ קָדוֹשׁ ה׳ צְבָאוֹת מְלֹא כָל הָאָרֶץ כְּבוֹדוֹ.

4 אָז בְּקוֹל רַעַשׁ גָּדוֹל אַדִּיר וְחָזָק מַשְׁמִיעִים קוֹל.

5 מִתְנַשְּׂאִים לְעֻמַּת שְׂרָפִים לְעֻמָּתָם בָּרוּךְ יֹאמֵרוּ:

6 בָּרוּךְ כְּבוֹד ה׳ מִמְּקוֹמוֹ.

7 יִמְלֹךְ ה׳ לְעוֹלָם אֱלֹהַיִךְ צִיּוֹן לְדֹר וָדֹר. הַלְלוּיָהּ:

8 לְדוֹר וָדוֹר נַגִּיד גָּדְלֶךָ, וּלְנֵצַח נְצָחִים קְדֻשָּׁתְךָ נַקְדִּישׁ.

9 וְשִׁבְחֲךָ אֱלֹהֵינוּ מִפִּינוּ לֹא יָמוּשׁ לְעוֹלָם וָעֶד,

10 כִּי אֵל מֶלֶךְ גָּדוֹל וְקָדוֹשׁ אָתָּה.

11 בָּרוּךְ אַתָּה ה׳, הָאֵל הַקָּדוֹשׁ.

סַבָּא שׁוֹאֵל...וְשׁוֹאֵל...וְשׁוֹאֵל

מִרְיָם יוֹשֶׁבֶת בַּבַּיִת וְלוֹמֶדֶת.

גַּם סַבָּא יִצְחָק וְסַבְתָּא רִבְקָה בַּבַּיִת.

סַבָּא שׁוֹאֵל: מִרְיָם, מָה אַתְּ לוֹמֶדֶת?

מִרְיָם עוֹנָה: אֲנִי לוֹמֶדֶת עַל מַעֲשֵׂה בְרֵאשִׁית.

סַבָּא שׁוֹאֵל: הַאִם אַתְּ יוֹדַעַת מִי בָּרָא אֶת הָאָרֶץ?

מִרְיָם עוֹנָה: כֵּן, ה׳ בָּרָא אֶת הָאָרֶץ.

סַבָּא שׁוֹאֵל: וּמִי בָּרָא אֶת הַשָּׁמַיִם?

מִרְיָם עוֹנָה: ה׳ בָּרָא אֶת הַשָּׁמַיִם וְאֶת הָאָרֶץ
וְאֶת כָּל אֲשֶׁר בַּשָּׁמַיִם וּבָאָרֶץ.

סַבָּא שׁוֹאֵל:
הַאִם אַתְּ יוֹדַעַת מַה בָּרָא ה׳ בַּיּוֹם הַשְּׁבִיעִי?

מִרְיָם עוֹנָה: בַּיּוֹם הַשְּׁבִיעִי ה׳ שָׁבַת.

סַבָּא אוֹמֵר: כֵּן, מִרְיָם, בַּיּוֹם הַשְּׁבִיעִי ה׳ שָׁבַת
מִכָּל הַמְּלָאכָה אֲשֶׁר הוּא עָשָׂה.

מִרְיָם אוֹמֶרֶת: סַבָּא, אַתָּה יוֹדֵעַ עַל מַעֲשֵׂה בְרֵאשִׁית.

לָמָּה אַתָּה שׁוֹאֵל? הַאִם אַתָּה מוֹרֶה?

סַבָּא אוֹמֵר: מִרְיָם, אַתְּ יוֹדַעַת שֶׁאֲנִי לֹא מוֹרֶה.

לָמָּה אַתְּ שׁוֹאֶלֶת?

מִרְיָם אוֹמֶרֶת: כִּי אַתָּה כְּמוֹ הַמּוֹרֶה שֶׁלִּי.

גַּם הַמּוֹרֶה שֶׁלִּי יוֹדֵעַ אֶת הַכֹּל,

אֲבָל, הוּא שׁוֹאֵל . . . וְשׁוֹאֵל . . . וְשׁוֹאֵל.

BE A SIDDUR TRANSLATOR

Circle the Hebrew words that mean the same as the English.

1 in the heavens

כִּי הוּא הָאֱלֹהִים בַּשָּׁמַיִם

2 as, just like

כְּמוֹ שֶׁאָמְרוּ אֲבוֹתֵינוּ

3 (He) made

כִּי שֵׁשֶׁת יָמִים עָשָׂה ה׳ אֶת הַשָּׁמַיִם

4 all

מְלֹא כָל הָאָרֶץ כְּבוֹדוֹ

5 (He) made holy

אֲשֶׁר קִדֵּשׁ אוֹתָנוּ בְּמִצְוֹתָיו

6 work of creation

מְחַדֵּשׁ בְּכָל יוֹם תָּמִיד מַעֲשֵׂה בְרֵאשִׁית

7 (He) rested

כִּי בוֹ שָׁבַת מִכָּל מְלַאכְתּוֹ

8 (He) created

טוֹבִים מְאוֹרוֹת שֶׁבָּרָא אֱלֹהִים

9 work

לֹא תַעֲשֶׂה כָל מְלָאכָה

10 (He) commanded

צִוָּה אוֹתָנוּ לִקְרֹא אֶת הַמְגִלָּה

11 the seventh day

וַיִּשְׁבֹּת בַּיּוֹם הַשְּׁבִיעִי מִכָּל מְלַאכְתּוֹ

12 in truth

וְקֵרַבְתָּנוּ לְשִׁמְךָ הַגָּדוֹל סֶלָה בֶּאֱמֶת

WORDS TO STUDY

בָּרָא (ברא) created

הַאִם __ ? (introduces a question)

יוֹם day

יוֹם הַשְּׁבִיעִי the seventh day, Shabbat

כָּל every, all

כְּמוֹ just like, as

מְלָאכָה work

מַעֲשֵׂה בְרֵאשִׁית work of creation

עַל on, about

עוֹשֶׂה, עָשָׂה (עשׂה) does, did

שָׁבַת (שבת) rested

שָׁמַיִם heavens, sky

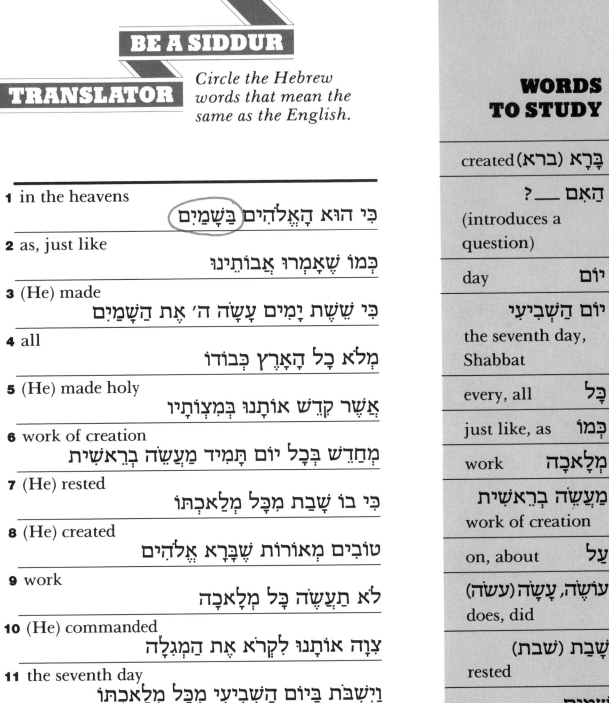

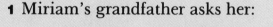
*Check the phrase
that best completes
each sentence according
to the story.*

1 Miriam's grandfather asks her:

____ "Where is your book?"

✓ "What are you studying?"

____ "Why aren't you in school?"

2 Miriam says:

____ "God worked seven days."

____ "God rested before He began work."

____ "God created the earth and heavens."

3 Miriam asks her grandfather:

____ "Why do you ask so many
questions?"

____ "What did God do on the seventh
day?"

____ "What did God make first?"

4 Miriam says her grandfather

____ likes telling stories.

____ never asks questions.

____ is like her teacher.

PRAYER

PRACTICE

Practice reading the סִדּוּר passages. Underline the words that belong to the שָׁרָשִׁים: (עשה), make, and (ידע), know.

1 <u>עוֹשֶׂה</u> שָׁלוֹם בִּמְרוֹמָיו

2 צוֹפֶה וְיוֹדֵעַ סְתָרֵינוּ

3 כֻּלָּנוּ יוֹדְעֵי שְׁמֶךָ

4 הוּא יַעֲשֶׂה שָׁלוֹם עָלֵינוּ וְעַל כָּל יִשְׂרָאֵל

5 ה׳ יֹדֵעַ מַחְשְׁבוֹת אָדָם

6 הָאֵל הַנֶּאֱמָן, הָאוֹמֵר וְעוֹשֶׂה

7 לְעֹשֵׂה אוֹרִים גְּדוֹלִים כִּי לְעוֹלָם חַסְדּוֹ

8 וְלַעֲשׂוֹת וּלְקַיֵּם אֶת כָּל דִּבְרֵי תַלְמוּד תּוֹרָתֶךָ

9 כְּמוֹ שֶׁיָּדַעְנוּ ה׳ אֱלֹהֵינוּ שֶׁהַשִּׁלְטוֹן לְפָנֶיךָ

10 מִי שֶׁעָשָׂה נִסִּים לַאֲבוֹתֵינוּ

1 Find the passage that tells us God will make peace for us and all of Israel. Line #____.

2 Find the passage that says: "All of us know your name." Line #____

3 Find the passage that tells us "God says and does." Line #____
Write the word for "says"______________.
Write the word for "does" ("makes")______________.

4 Find the passage that contains the Hebrew word for "as, just like." Line #____
Write the Hebrew word:______________.

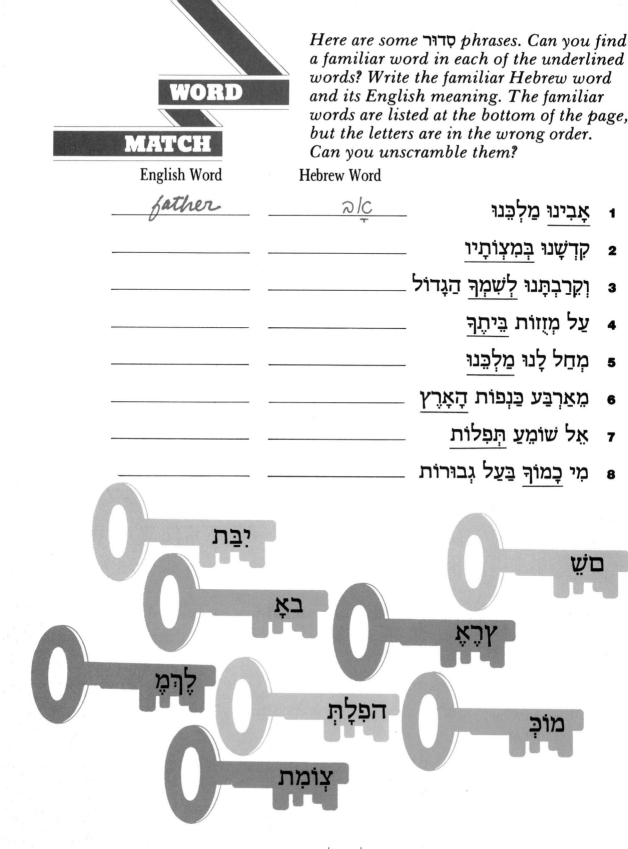

WORD MATCH

Here are some סִדוּר *phrases. Can you find a familiar word in each of the underlined words? Write the familiar Hebrew word and its English meaning. The familiar words are listed at the bottom of the page, but the letters are in the wrong order. Can you unscramble them?*

English Word	Hebrew Word	
father	אָב	1 אָבִינוּ מַלְכֵּנוּ
		2 קִדְּשָׁנוּ בְּמִצְוֹתָיו
		3 וְקֵרַבְתָּנוּ לְשִׁמְךָ הַגָּדוֹל
		4 עַל מְזֻזוֹת בֵּיתֶךָ
		5 מְחַל לָנוּ מַלְכֵּנוּ
		6 מֵאַרְבַּע כַּנְפוֹת הָאָרֶץ
		7 אֵל שׁוֹמֵעַ תְּפִלוֹת
		8 מִי כָמוֹךָ בַּעַל גְּבוּרוֹת

יְבַּת   שֵׁם

בָּא   צְרָא

לֶהֶמְ   הִפְלָתְ   מוֹךְ

צְוֹמְת

קִדּוּשׁ Kiddush

Here is the first paragraph of the קִדּוּשׁ we recite on Friday evening at home. Read each Hebrew phrase. You understand most of the words. Write the number of the Hebrew phrase in the blank space in front of the English translation.

1 וַיְהִי עֶרֶב וַיְהִי בֹקֶר יוֹם הַשִּׁשִּׁי.

2 וַיְכֻלּוּ הַשָּׁמַיִם וְהָאָרֶץ וְכָל צְבָאָם.

3 וַיְכַל אֱלֹהִים בַּיּוֹם הַשְּׁבִיעִי מְלַאכְתּוֹ אֲשֶׁר עָשָׂה.

4 וַיִּשְׁבֹּת בַּיּוֹם הַשְּׁבִיעִי מִכָּל מְלַאכְתּוֹ אֲשֶׁר עָשָׂה.

5 וַיְבָרֶךְ אֱלֹהִים אֶת יוֹם הַשְּׁבִיעִי

6 וַיְקַדֵּשׁ אוֹתוֹ

7 כִּי בוֹ שָׁבַת מִכָּל מְלַאכְתּוֹ

8 אֲשֶׁר בָּרָא אֱלֹהִים לַעֲשׂוֹת.

__3__ On the seventh day, God finished the work that He had done.

____ He rested on the seventh day from all the work He did.

____ And there was evening and there was morning, the sixth day.

____ and He made it holy

____ The sky and the earth and everything in them were finished.

____ which God created and made

____ And God blessed the seventh day

____ because on it He rested from all His work

קְדוּשַּׁת הַיּוֹם

Practice reading this prayer. It is part of the שַׁבָּת morning עֲמִידָה.

Lines one through four tell us about מֹשֶׁה who brought down two stone tablets from Mount Sinai.

Lines five through nine tell us that שַׁבָּת is a sign (אוֹת) between God and the Children of Israel.

1 יִשְׂמַח מֹשֶׁה בְּמַתְּנַת חֶלְקוֹ, כִּי עֶבֶד נֶאֱמָן קָרָאתָ לּוֹ;

2 כְּלִיל תִּפְאֶרֶת בְּרֹאשׁוֹ נָתַתָּ, בְּעָמְדוֹ לְפָנֶיךָ עַל הַר סִינָי.

3 וּשְׁנֵי לוּחוֹת אֲבָנִים הוֹרִיד בְּיָדוֹ, וְכָתוּב בָּהֶם שְׁמִירַת שַׁבָּת

4 וְכֵן כָּתוּב בְּתוֹרָתֶךָ:

5 וְשָׁמְרוּ בְנֵי יִשְׂרָאֵל אֶת הַשַּׁבָּת,

6 לַעֲשׂוֹת אֶת הַשַּׁבָּת לְדֹרֹתָם בְּרִית עוֹלָם.

7 בֵּינִי וּבֵין בְּנֵי יִשְׂרָאֵל אוֹת הִיא לְעוֹלָם,

8 כִּי שֵׁשֶׁת יָמִים עָשָׂה ה׳ אֶת הַשָּׁמַיִם וְאֶת הָאָרֶץ

9 וּבַיּוֹם הַשְּׁבִיעִי שָׁבַת וַיִּנָּפַשׁ.

הַכּוֹס לְקִדּוּשׁ

יוֹם שִׁשִּׁי.

כַּאֲשֶׁר הָאָב בָּא לַבַּיִת, לֵאָה אוֹמֶרֶת:

אַבָּא, יֵשׁ לָנוּ כּוֹס חֲדָשָׁה.

רְאוּבֵן אוֹמֵר: הַכּוֹס לְקִדּוּשׁ.

הָאָב שׁוֹאֵל: מִי נָתַן לָנוּ כּוֹס חֲדָשָׁה?

לֵאָה עוֹנָה: סַבָּא נָתַן לָנוּ אֶת הַכּוֹס.

רְאוּבֵן אוֹמֵר: סַבָּא כָּתַב,

"בְּאַהֲבָה אֲנִי נוֹתֵן לַמִּשְׁפָּחָה שֶׁלִּי

כּוֹס לְקִדּוּשׁ מֵאֶרֶץ יִשְׂרָאֵל".

הָאָב אוֹמֵר: הַכּוֹס יָפָה מְאֹד.

רְאוּבֵן אוֹמֵר לְלֵאָה:

הָעֶרֶב, אַחֲרֵי שֶׁאַבָּא שָׁר אֶת הַקִּדּוּשׁ,

אֲנִי שׁוֹתֶה יַיִן מִן הַכּוֹס.

לֵאָה אוֹמֶרֶת: הָעֶרֶב, גַּם אֲנִי שׁוֹתָה יַיִן מִן הַכּוֹס

רְאוּבֵן אוֹמֵר: לֵאָה, אַתְּ לֹא יוֹדַעַת אֶת הַקִּדּוּשׁ.

אֲנִי שׁוֹתֶה יַיִן כִּי אֲנִי יוֹדֵעַ אֶת הַקִּדּוּשׁ.

לֵאָה אוֹמֶרֶת: גַּם אֲנִי יוֹדַעַת אֶת הַקִּדּוּשׁ.

הָאֵם בָּאָה לַחֶדֶר וְאוֹמֶרֶת:

יְלָדִים, בְּשַׁבָּת אֲנִי רוֹצָה שָׁלוֹם וְאַהֲבָה בַּבַּיִת.

הָאָב אוֹמֵר:

יְלָדִים, בְּשַׁבָּת גַּם אֲנִי רוֹצֶה שָׁלוֹם וְאַהֲבָה בַּבַּיִת.

הָעֶרֶב כֻּלָּנוּ שָׁרִים אֶת הַקִּדּוּשׁ.

וְכֻלָּנוּ שׁוֹתִים יַיִן מִן הַכּוֹס הַחֲדָשָׁה.

ROOTS

1 wear

יִלְבְּשׁוּ
לוֹבֵשׁ
לָבַשׁ
(ל ב ש)

2 ______

לֵאמֹר
וַיֹּאמֶר
נֹאמַר
(   )

3 ______

יְבָרֵךְ
בָּרֵךְ
מְבָרְכִים
(   )

4 ______

וַיְקַדֵּשׁ
מַקְדִּישִׁים
קִדְּשָׁנוּ
(   )

5 ______

יוֹדֵעַ
וְיָדַעְתָּ
יֵדְעוּ
(   )

6 ______

וְאָהַבְתָּ
אוֹהֵב
אָהַבְתִּי
(   )

WORDS TO STUDY

love	אַהֲבָה
with love	בְּאַהֲבָה
after	אַחֲרֵי
new	חָדָשׁ, חֲדָשָׁה
Friday (sixth day)	יוֹם שִׁשִּׁי
wine	יַיִן
cup, glass	כּוֹס
all of us	כֻּלָּנוּ
write, wrote	כּוֹתֵב, כָּתַב (כתב)
very	מְאֹד
evening	עֶרֶב
this evening	הָעֶרֶב
Kiddush	קִדּוּשׁ
drink	שׁוֹתֶה, שׁוֹתָה (שתה)

ATTACHMENTS

Check the Hebrew word that means the same as the English.

1 and the land	___ אֶרֶץ	___ הָאָרֶץ	✓ וְהָאָרֶץ
2 in the world	___ בָּעוֹלָם	___ לְעוֹלָם	___ הָעוֹלָם
3 with (in) love	___ אַהֲבָה	___ בְּאַהֲבָה	___ מֵאַהֲבָה
4 like a family	___ הַמִּשְׁפָּחָה	___ כְּמִשְׁפָּחָה	___ שֶׁמִּשְׁפָּחָה
5 from all	___ מִכָּל	___ הַכֹּל	___ לְכָל
6 to a head	___ מֵרֹאשׁ	___ רֹאשׁ	___ לְרֹאשׁ
7 and who	___ וּמִי	___ בְּמִי	___ לְמִי
8 blessing	___ הַבְּרָכָה	___ לִבְרָכָה	___ בְּרָכָה

---

1. Read the Hebrew word in column 1.
2. Attach the Hebrew particle (small word) listed in column 2.
3. Write the complete word in column 3.

בַּ	מֵ	שֶׁ
כְּ	הַ	לַ

1	2	3
1 תּוֹרָה	to the	לַתּוֹרָה
2 שָׁמַיִם	in the	___
3 בָּרָא	that, who	___
4 מֹשֶׁה	like, as	___
5 אֶרֶץ יִשְׂרָאֵל	from	___
6 בֵּן	the	___

Read the סִדּוּר passages and circle the words related to the key words:

עֶרֶב

בֹּקֶר

יוֹם

1 בְּכָל יוֹם אֲבָרְכֶךָּ

2 עֶרֶב וָבֹקֶר בְּכָל יוֹם תָּמִיד

3 בּוֹרֵא יוֹם וָלָיְלָה

4 וַיְהִי עֶרֶב וַיְהִי בֹקֶר, יוֹם הַשִּׁשִּׁי

5 מְחַדֵּשׁ בְּכָל יוֹם תָּמִיד מַעֲשֵׂה בְרֵאשִׁית

6 לְהַגִּיד בַּבֹּקֶר חַסְדֶּךָ

7 אֲשֶׁר בִּדְבָרוֹ מַעֲרִיב עֲרָבִים

8 עַל כֵּן בֵּרַךְ ה׳ אֶת יוֹם הַשַּׁבָּת

9 וַיִּשְׁבֹּת בַּיּוֹם הַשְּׁבִיעִי מִכָּל מְלַאכְתּוֹ

10 שֶׁאֲנַחְנוּ מַשְׁכִּימִים וּמַעֲרִיבִים עֶרֶב וָבֹקֶר

1 Find the passages that contain all three key words.
Line #______ Line #______

2 Find the sentence that contains two of the words.
Line #______

3 Write the Hebrew for: morning ______________;
evening ______________; day ______________.

4 Find the line that says: "I shall bless You every day."
Line #______

5 Find the line that says: God blessed the Shabbat.
Line #______

6 Find the line that says: And He rested on the seventh day from all His work.
Line #______

Did you find all of the correct sentences? Congratulations! You know almost all of the words in these סִדּוּר passages.

PAST TENSE

STUDY THESE SENTENCES.

Present tense: He says hello.	1 הוּא אוֹמֵר שָׁלוֹם.
Past tense: He said hello.	2 הוּא אָמַר שָׁלוֹם.

1 Did you notice that the שֹׁרֶשׁ of אוֹמֵר and אָמַר is the same in each sentence? ______
2 Write the שֹׁרֶשׁ: (__ __ __)
3 This is the vowel pattern of אוֹמֵר, present tense: □ □ֵ וֹ□.
4 Write the vowel pattern of אָמַר, past tense: □ □ □.
5 In the following sentences, if the verb has the vowel pattern □ □ֵ וֹ□, check the present tense column. If the verb has the vowel pattern □ □ַ □ָ, check the past tense column.

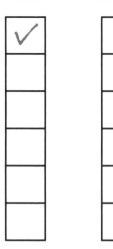

עָבָר Past Tense	הֹוֶה Present Tense	
✓		1 ה׳ נָתַן אֶת הַתּוֹרָה.
		2 הוּא לוֹמֵד בַּבַּיִת.
		3 סַבָּא כָּתַב מִירוּשָׁלַיִם.
		4 מִי יוֹדֵעַ אֵיפֹה הַטַּלִּית?
		5 ה׳ שָׁבַת בַּיּוֹם הַשְּׁבִיעִי.
		6 ה׳ אוֹהֵב שָׁלוֹם.

קִדּוּשׁ

On Friday nights we recite the קִדּוּשׁ. It is a special prayer that is said over a cup of wine (יַיִן).

The קִדּוּשׁ we recite at home is divided into two parts:

1 The first part comes from the first book of the Bible, בְּרֵאשִׁית, chapter 2, verses 1-3. It tells us that God created the world in six days and He rested on the seventh day, שַׁבָּת.

2 The second part emphasizes the holiness of שַׁבָּת and reminds us of two reasons for observing שַׁבָּת.

- מַעֲשֵׂה בְרֵאשִׁית, the work of creation. The world was created in six days and God rested on the שַׁבָּת.
- יְצִיאַת מִצְרַיִם, Exodus from Egypt. We were brought out from Egypt and freed from slavery.

קִדּוּשׁ

Read each Hebrew phrase in the קִדּוּשׁ.
Now, match each phrase with its translation, by writing its number in the blank space.

1 בָּרוּךְ אַתָּה ה׳ אֱלֹהֵינוּ מֶלֶךְ הָעוֹלָם בּוֹרֵא פְּרִי הַגָּפֶן.

2 בָּרוּךְ אַתָּה ה׳ אֱלֹהֵינוּ מֶלֶךְ הָעוֹלָם,

3 אֲשֶׁר קִדְּשָׁנוּ בְּמִצְוֹתָיו וְרָצָה בָנוּ

4 וְשַׁבַּת קָדְשׁוֹ בְּאַהֲבָה וּבְרָצוֹן הִנְחִילָנוּ,

5 זִכָּרוֹן לְמַעֲשֵׂה בְרֵאשִׁית.

6 כִּי הוּא יוֹם תְּחִלָּה לְמִקְרָאֵי קֹדֶשׁ,

7 זֵכֶר לִיצִיאַת מִצְרָיִם.

8 כִּי בָנוּ בָחַרְתָּ, וְאוֹתָנוּ קִדַּשְׁתָּ מִכָּל הָעַמִּים,

9 וְשַׁבַּת קָדְשְׁךָ בְּאַהֲבָה וּבְרָצוֹן הִנְחַלְתָּנוּ.

10 בָּרוּךְ אַתָּה ה׳ מְקַדֵּשׁ הַשַּׁבָּת.

_9_ You gave us Your holy Shabbat with love and willingly

____ a remembrance of the work of creation

____ who made us holy by His commandments and wanted us

____ because it is the first day (in importance) of the holy festivals

____ blessed are You, God, who makes the Shabbat holy

____ blessed are You, Lord our God, King of the world

____ He gave us the holy Shabbat with love and willingly

____ because You chose us from all nations and made us holy

____ a remembrance of the Exodus from Egypt

PRAYER PUZZLE

Write the English word next to the Hebrew. Look across and down to find the Hebrew words in the puzzle and circle them.

שׁ	ו	ד	ק	ר	ץ	ע
ו	נ	ל	כ	שׁ	א	ר
ת	ב	ד	א	מ	ע	ב
ה	ב	ה	א	ס	ו	כ
י	שׁ	ד	ח	ד	שׁ	ו
י	כ	א	ר	ב	ה	ת
ן	מ	ם	י	מ	שׁ	ב

1 עֶרֶב evening
2 כּוֹתֵב ________
3 חָדָשׁ ________
4 קָדוֹשׁ ________
5 אַהֲבָה ________
6 כּוֹס ________
7 אַחֲרֵי ________
8 כֻּלָּנוּ ________
9 יַיִן ________
10 שׁוֹתֶה ________
11 שָׁמַיִם ________
12 עוֹשֶׂה ________
13 עֵץ ________
14 מְאֹד ________
15 בָּרָא ________
16 כִּי ________
17 רֹאשׁ ________
18 מִן ________

סֵדֶר הוֹצָאַת הַתּוֹרָה

The Reading of the Torah is an important portion of the Shabbat and Festival morning service. These prayers are part of the Torah Service. Practice reading them.

Before the Torah is taken from the Ark, we chant:

1 אֵין כָּמוֹךָ בָאֱלֹהִים אֲדֹנָי וְאֵין כְּמַעֲשֶׂיךָ.

2 מַלְכוּתְךָ מַלְכוּת כָּל עֹלָמִים וּמֶמְשַׁלְתְּךָ בְּכָל דּוֹר וָדֹר.

3 ה׳ מֶלֶךְ, ה׳ מָלָךְ, ה׳ יִמְלֹךְ לְעֹלָם וָעֶד.

4 ה׳ עֹז לְעַמּוֹ יִתֵּן, ה׳ יְבָרֵךְ אֶת עַמּוֹ בַשָּׁלוֹם.

5 אַב הָרַחֲמִים, הֵיטִיבָה בִרְצוֹנְךָ אֶת צִיּוֹן,

6 תִּבְנֶה חוֹמוֹת יְרוּשָׁלָיִם.

7 כִּי בְךָ לְבַד בָּטָחְנוּ, מֶלֶךְ אֵל רָם וְנִשָּׂא אֲדוֹן עוֹלָמִים.

8 כִּי מִצִּיּוֹן תֵּצֵא תוֹרָה וּדְבַר ה׳ מִירוּשָׁלָיִם.

9 בָּרוּךְ שֶׁנָּתַן תּוֹרָה לְעַמּוֹ יִשְׂרָאֵל בִּקְדֻשָּׁתוֹ.

After the Torah is removed from the Ark we chant:

1 שְׁמַע יִשְׂרָאֵל, ה׳ אֱלֹהֵינוּ, ה׳ אֶחָד.

2 אֶחָד אֱלֹהֵינוּ, גָּדוֹל אֲדוֹנֵינוּ, קָדוֹשׁ שְׁמוֹ.

3 גַּדְּלוּ לַה׳ אִתִּי, וּנְרוֹמְמָה שְׁמוֹ יַחְדָּו.

4 לְךָ, ה׳ הַגְּדֻלָּה וְהַגְּבוּרָה וְהַתִּפְאֶרֶת וְהַנֵּצַח וְהַהוֹד

5 כִּי כֹל בַּשָּׁמַיִם וּבָאָרֶץ. לְךָ, ה׳ הַמַּמְלָכָה

6 וְהַמִּתְנַשֵּׂא לְכֹל לְרֹאשׁ.

פְּרָחִים לְשַׁבָּת

יוֹם שִׁשִּׁי, יַעֲקֹב וְלֵאָה הוֹלְכִים לַבַּיִת.

יַעֲקֹב אוֹמֵר: הַיּוֹם הַמּוֹרֶה שֶׁלָּנוּ אָמַר שֶׁבְּאֶרֶץ יִשְׂרָאֵל
יֵשׁ פְּרָחִים בְּכָל בַּיִת לִכְבוֹד שַׁבָּת.

לֵאָה שׁוֹאֶלֶת: לָמָּה אֵין פְּרָחִים בַּבַּיִת שֶׁלָּנוּ?

יַעֲקֹב אוֹמֵר:
אוּלַי יֵשׁ פְּרָחִים בַּגַּן עַל־יַד הַבַּיִת שֶׁל סַבָּא.
אֲנִי הוֹלֵךְ לַגַּן עַכְשָׁו וְאַתְּ הוֹלֶכֶת לַבַּיִת.

לֵאָה שׁוֹאֶלֶת: אִם אִמָּא שׁוֹאֶלֶת, "אֵיפֹה יַעֲקֹב"
מָה אֲנִי עוֹנָה?

יַעֲקֹב עוֹנֶה: אַתְּ אוֹמֶרֶת שֶׁאַתְּ לֹא זוֹכֶרֶת.

כַּאֲשֶׁר לֵאָה בָּאָה לַבַּיִת, הָאֵם שׁוֹאֶלֶת:
אֵיפֹה יַעֲקֹב? זְמַן לְהַדְלִיק אֶת הַנֵּרוֹת.

לֵאָה עוֹנָה: אֲנִי לֹא זוֹכֶרֶת.

כַּאֲשֶׁר יַעֲקֹב בָּא לַבַּיִת, הָאֵם אוֹמֶרֶת:
יַעֲקֹב, זְמַן לְהַדְלִיק נֵרוֹת שַׁבָּת.

יַעֲקֹב נוֹתֵן אֶת הַפְּרָחִים לָאֵם וְאוֹמֵר:
הִנֵּה פְּרָחִים לִכְבוֹד שַׁבָּת. הַפְּרָחִים גַּם מִלֵּאָה.

הָאֵם שְׂמֵחָה. הִיא אוֹמֶרֶת תּוֹדָה

וְשָׂמָה אֶת הַפְּרָחִים עַל הַשֻּׁלְחָן.

לֵאָה אוֹמֶרֶת לָאָח שֶׁלָּהּ: אַתָּה בָּחַרְתָּ פְּרָחִים יָפִים מְאֹד.

הָאֵם אוֹמֶרֶת אֶת הַבְּרָכָה:

"בָּרוּךְ אַתָּה ה' אֱלֹהֵינוּ מֶלֶךְ הָעוֹלָם

אֲשֶׁר קִדְּשָׁנוּ בְּמִצְוֹתָיו וְצִוָּנוּ לְהַדְלִיק נֵר שֶׁל שַׁבָּת".

הַיְלָדִים אוֹמְרִים: אָמֵן.

שַׁבָּת בַּבַּיִת.

שַׁבָּת שָׁלוֹם בַּבַּיִת.

WORD MATCH

*Connect the Hebrew word
to its English meaning.*

his	שֶׁלָּנוּ
my, mine	שֶׁלְּךָ
your(s)	שֶׁלּוֹ
our(s)	שֶׁלִּי

to study	לִכְבוֹד
in honor of	לְהַדְלִיק
to do	לִלְמֹד
to light	לַעֲשׂוֹת

there is	אֵין
(is) not	אִם
if	זְמַן
time	יֵשׁ

you chose	זוֹכֵר
put(s)	בָּחַרְתָּ
answer	שָׂמָה
remember	עוֹנָה

WORDS TO STUDY

is not (has not)	אֵין
if	אִם
choose / you chose	בּוֹחֵר (בחר) בָּחַרְתָּ
remember	זוֹכֵר (זכר)
time(s)	זְמַן, זְמַנִים
to light (kindle)	לְהַדְלִיק
in honor of	לִכְבוֹד
candle(s)	נֵר, נֵרוֹת
flowers	פְּרָחִים
our(s)	שֶׁלָּנוּ

COMPREHENSION

1 Jacob's teacher said:

_____ There are flowers in everyone's garden.

_✓_ There are flowers in every home in Israel in honor of Shabbat.

_____ All the children should pick flowers before Shabbat.

2 When Leah came home,

_____ she wanted to light the candles.

_____ she said Jacob was at school.

_____ she said she couldn't remember where Jacob was.

3 When Jacob came home,

_____ he gave his mother flowers.

_____ he put the candles on the table.

_____ he set the Shabbat table.

4 Leah told her brother

_____ that it was time to light the candles.

_____ that he picked pretty flowers.

_____ that he forgot to bring the flowers.

5 Jacob went to the garden because

_____ he wanted to pick flowers.

_____ his teacher lived near the garden.

_____ he didn't want to go home with his sister.

BE A SIDDUR TRANSLATOR

Check the Hebrew phrase that means the same as the English.

1

אֵין כְּמַלְכֵּנוּ ✓

There is no one like our king.

יֵשׁ כְּמַלְכֵּנוּ

2

כִּי אוֹתָנוּ קִדַּשְׁתָּ

because you chose us

כִּי בָנוּ בָחַרְתָּ

3

לַיּוֹם הַזֶּה

to this time

לַזְּמַן הַזֶּה

4

ה׳ שָׁבַת מִכָּל הַמְּלָאכָה שֶׁלּוֹ

God rested from all of his work.

ה׳ עָשָׂה אֶת כָּל הַמְּלָאכָה שֶׁלּוֹ

5

בּוֹרֵא פְּרִי הָאֲדָמָה

creates the fruit of the ground

בּוֹרֵא פְּרִי הָעוֹלָם

הוּא בֵּרַךְ אוֹתָנוּ

He commanded us

6

הוּא צִוָּה אוֹתָנוּ

לְהַדְלִיק נֵר שֶׁל יוֹם טוֹב

to light the Shabbat Candle

7

לְהַדְלִיק נֵר שֶׁל שַׁבָּת

אַתָּה קָדוֹשׁ וְשִׁמְךָ קָדוֹשׁ

You are holy and Your name is holy.

8

אַתָּה גָּדוֹל וְשִׁמְךָ גָּדוֹל

וְאָהַבְתָּ אֵת ה׳ אֱלֹהֶיךָ

and you shall love the Lord your God

9

וְאָמַרְתָּ אֶל ה׳

עָשָׂה אֵת יוֹם הַשַּׁבָּת

Remember the Shabbat.

10

זָכוֹר אֵת יוֹם הַשַּׁבָּת

PRAYER PRACTICE

Practice reading the סִדּוּר passages. Underline the words that belong to the שָׁרָשִׁים: (זכר) remember, and (בחר) choose.

1 אַל תִּזְכָּר לָנוּ עֲוֹנוֹת רִאשׁוֹנִים

2 לְמַעַן תִּזְכְּרוּ וַעֲשִׂיתֶם אֶת כָּל מִצְוֹתָי

3 אֲשֶׁר בָּחַר בָּנוּ מִכָּל הָעַמִּים

4 שָׁמוֹר וְזָכוֹר בְּדִבּוּר אֶחָד

5 אֲדוֹן הַנִּפְלָאוֹת, הַבּוֹחֵר בְּשִׁירֵי זִמְרָה

6 כִּי בָנוּ בָחַרְתָּ וְאוֹתָנוּ קִדַּשְׁתָּ

7 זִכָּרוֹן לְמַעֲשֵׂה בְרֵאשִׁית

8 שִׂמְחוּ צַדִּיקִים בַּה׳ וְהוֹדוּ לְזֵכֶר קָדְשׁוֹ

9 בָּרוּךְ אַתָּה ה׳, הַבּוֹחֵר בְּעַמּוֹ יִשְׂרָאֵל בְּאַהֲבָה.

1 Find the passage that says "Because You chose us and made us holy."
Line #_______

2 Find the passage that says "So that you will remember and you will do all of My mitzvot."
Line #_______

3 Find the passage that says "A remembrance of the work of creation."
Line #_______

4 Write the Hebrew words that mean "the work of creation."

______________ ______________

ALEF BET

ORDER

One letter is missing in each of the following words. If you add the correct letter to each word, you will find that the words are in alphabetical order. The sixth item is וְ *(and). Remember that* וְ *is not a separate word in Hebrew. It is always attached to another word. Add the word of your choice to the* וְ*. Challenge: Write the English meaning of each word.*

1 __lc__ וֹהֵב ______loves______

2 ___ְ רָכָה ____________

3 ___ָ דוֹל ____________

4 ___ֶ לֶת ____________

5 ___ וּא ____________

6 וְ ___ ____________

7 ___ְ מַן ____________

8 ___ָ דָשׁ ____________

9 ___ַ לִית ____________

10 ___ וֹדֵעַ ____________

11 ___ִ י ____________

12 ___ וֹמֵד ____________

13 ___ֶ לֶךְ ____________

14 ___ וֹתֵן ____________

15 ___ִ דוּר ____________

16 ___ וֹלָם ____________

17 ___ְ רִי ____________

18 ___ִ וָּה ____________

19 ___ִ דוּשׁ ____________

20 ___ וֹצֶה ____________

21 ___ָ לוֹם ____________

22 ___ְ פִלּוֹת ____________

סֵדֶר הַכְנָסַת הַתּוֹרָה

After the Torah is read, it is returned to the Ark with a special ceremony. We love the Torah and treat it with care.

The Torah is held up high so that the congregation can see the written text as we chant:

1 וְזֹאת הַתּוֹרָה אֲשֶׁר שָׂם מֹשֶׁה לִפְנֵי בְּנֵי יִשְׂרָאֵל,

2 עַל פִּי ה׳ בְּיַד מֹשֶׁה.

As the Torah is returned to the Ark, we chant:

3 יְהַלְלוּ אֶת שֵׁם ה׳ כִּי נִשְׂגָּב שְׁמוֹ לְבַדּוֹ.

4 הוֹדוֹ עַל אֶרֶץ וְשָׁמָיִם וַיָּרֶם קֶרֶן לְעַמּוֹ

5 תְּהִלָּה לְכָל חֲסִידָיו לִבְנֵי יִשְׂרָאֵל עַם קְרֹבוֹ הַלְלוּיָהּ.

6 כִּי לֶקַח טוֹב נָתַתִּי לָכֶם.

7 תּוֹרָתִי אַל תַּעֲזֹבוּ.

8 עֵץ חַיִּים הִיא לַמַּחֲזִיקִים בָּהּ

9 וְתֹמְכֶיהָ מְאֻשָּׁר.

10 דְּרָכֶיהָ דַרְכֵי נֹעַם. וְכָל נְתִיבוֹתֶיהָ שָׁלוֹם.

11 הֲשִׁיבֵנוּ ה׳ אֵלֶיךָ וְנָשׁוּבָה. חַדֵּשׁ יָמֵינוּ כְּקֶדֶם.

FLUENT SIDDUR READING

checkpoint I

Circle the English word that means the same as the underlined Hebrew word.

the heavens the world the earth the trees

1 וַיְכֻלּוּ הַשָּׁמַיִם וְהָאָרֶץ.

the evening the land the work the family

2 הוּא שָׁבַת מִכָּל הַמְּלָאכָה.

blessed chose commanded worked

3 אֲשֶׁר בָּחַר בָּנוּ מִכָּל הָעַמִּים.

stood said drank did

4 מִכָּל הַמְּלָאכָה שֶׁהוּא עָשָׂה.

sings remembers recites goes

5 הוּא זוֹכֵר אֶת הַתְּפִלָּה.

to see to honor to light to want

6 לְהַדְלִיק נֵר שֶׁל שַׁבָּת.

her your my our

7 הַמִּשְׁפָּחָה שֶׁלָּנוּ בַּבַּיִת.

reads chooses writes prays

8 הוּא קוֹרֵא סֵפֶר.

says remembers calls knows

9 אֶחָד מִי יוֹדֵעַ?

evening morning noon day

10 כָּל עֶרֶב סַבָּא לוֹמֵד תּוֹרָה.

Checkpoint

LESSONS 1-8

A word is missing in each English phrase. In the blank space, write the English word that makes the English have the same meaning as the Hebrew. (Use the words at the bottom of the page, if you need help).

checkpoint 2

Blessed are you, God, who hears prayer	1	בָּרוּךְ אַתָּה ה׳ שׁוֹמֵעַ תְּפִלָּה
____________ the Shabbat	2	זְכֹר אֶת יוֹם הַשַּׁבָּת
Our God, King of ____________	3	אֱלֹהֵינוּ מֶלֶךְ הָעוֹלָם
to light the Shabbat ____________	4	לְהַדְלִיק נֵר שֶׁל שַׁבָּת
____________ you chose us	5	כִּי בָנוּ בָחַרְתָּ
enabled us to reach this ____________	6	הִגִּיעָנוּ לַזְּמַן הַזֶּה
____________ all kinds of food	7	בּוֹרֵא מִינֵי מְזוֹנוֹת
and this is the Torah that Moshe ____________	8	וְזֹאת הַתּוֹרָה אֲשֶׁר שָׂם מֹשֶׁה
sing unto God a ____________ song	9	שִׁירוּ לַה׳ שִׁיר חָדָשׁ
____________ His nation Israel	10	אוֹהֵב עַמּוֹ יִשְׂרָאֵל

---

time
remember
new
loves
candle
creates
the world
because
prayer
put

Connect the Hebrew שֹׁרֶשׁ (Root) to its English meaning.

checkpoint 3

command	(בחר)	6	remember	(ברא)	1
drink	(שׁבת)	7	say	(זכר)	2
rest	(שׁתה)	8	study, learn	(קדשׁ)	3
do, make	(עשׂה)	9	create	(אמר)	4
choose	(צוה)	10	make holy	(למד)	5

checkpoint 4

Circle the Hebrew word that means the same as the English.

1 us	הֵם	לְךָ	אוֹתָנוּ	שֶׁלוֹ
2 happy	שָׂמֵחַ	יָפֶה	קָטָן	גָדוֹל
3 commanded	קָרָא	קִדֵשׁ	בֵּרַךְ	צִוָּה
4 (is) not	אֵין	אִם	יֵשׁ	אֲבָל
5 created	קִדֵשׁ	בָּרָא	בָּחַר	בָּרוּךְ
6 wine	אָמֵן	יוֹם	יַיִן	כּוֹס
7 after	אַחֲרֵי	לִפְנֵי	עַכְשָׁו	אוּלַי
8 ground, earth	אָרוֹן	מְלָאכָה	אֲדָמָה	מִצְוָה
9 day	יוֹם	אֶרֶץ	עֶרֶב	חָדָשׁ
10 name	בֵּן	מִן	הֵם	שֵׁם

LESSON 9 שִׁעוּר

מִי צוֹדֵק?

לֵיל שַׁבָּת.

עַל הַשֻּׁלְחָן יֵשׁ נֵרוֹת שַׁבָּת, יַיִן וְחַלּוֹת.

הַמִּשְׁפָּחָה עוֹמֶדֶת עַל־יַד הַשֻּׁלְחָן

וְהָאָב שָׁר אֶת הַקִּדּוּשׁ.

אַחֲרֵי שֶׁהָאָב שָׁר אֶת הַקִּדּוּשׁ, כָּל הַמִּשְׁפָּחָה

שׁוֹתָה אֶת הַיַּיִן.

כַּאֲשֶׁר הַמִּשְׁפָּחָה אוֹכֶלֶת, שָׂרָה, הַבַּת הַגְּדוֹלָה אוֹמֶרֶת:

בַּכִּתָּה שֶׁלָּנוּ לָמַדְנוּ שֶׁיּוֹם הַשַּׁבָּת

זֵכֶר לִיצִיאַת מִצְרַיִם.

הָאֵם אוֹמֶרֶת לְשָׂרָה:

אַתְּ צוֹדֶקֶת שָׂרָה. הַשַּׁבָּת זֵכֶר לִיצִיאַת מִצְרַיִם.

רָחֵל, הַבַּת הַקְּטַנָּה, אוֹמֶרֶת:

בַּכִּתָּה שֶׁלָּנוּ לָמַדְנוּ שֶׁיּוֹם הַשַּׁבָּת זֵכֶר לְמַעֲשֵׂה בְרֵאשִׁית.

הָאָב אוֹמֵר לְרָחֵל:

גַּם אַתְּ צוֹדֶקֶת רָחֵל. הַשַּׁבָּת זֵכֶר לְמַעֲשֵׂה בְרֵאשִׁית.

בִּנְיָמִין, הַבֵּן הַגָּדוֹל, אוֹמֵר:

בַּכִּתָּה שֶׁלָּנוּ לָמַדְנוּ שֶׁה׳ בָּחַר בָּנוּ מִכָּל הָעַמִּים

וְנָתַן לָנוּ אֶת הַשַּׁבָּת.

הָאָב אוֹמֵר לְבִנְיָמִין: גַּם אַתָּה צוֹדֵק, בִּנְיָמִין.

הָאֵם אוֹמֶרֶת לָאָב:

אֲנִי חוֹשֶׁבֶת שֶׁיֵּשׁ לָנוּ יְלָדִים חֲכָמִים.

הָאָב אוֹמֵר לָאֵם: גַּם אַתְּ צוֹדֶקֶת!

SUFFIX וֹ_ (his)

1 When the Hebrew suffix "נוּ" is attached to a word it means: ______.

2 When the Hebrew suffix "ךָ" is attached to a word it means: ______.

3 Circle the suffix these words have in common:

עַמּוֹ בְּנוֹ בֵּיתוֹ

4 When the Hebrew suffix "וֹ" is attached to a word it means: his.

5 In Hebrew we have two ways of saying "his nation":

a. We can say it in two words: הָעַם שֶׁלּוֹ

b. or we can combine the two words into one word: עַמּוֹ

6 What part of the word שֶׁלּוֹ (his) did we attach to the basic word עַם? ______

7 What does the suffix "וֹ" mean? ______.

Read these סִדּוּר passages and underline the words that have the suffix "וֹ" (his) attached to them.

1 תּוֹרַת אֱמֶת נָתַן לְעַמּוֹ אֵל

2 אֲזַי מֶלֶךְ שְׁמוֹ נִקְרָא

3 עַל-יַד נְבִיאוֹ נֶאֱמַן בֵּיתוֹ

4 וְנָתַן לָנוּ אֶת תּוֹרָתוֹ

5 וִיבָרֵךְ כָּל בָּשָׂר שֵׁם קָדְשׁוֹ לְעוֹלָם וָעֶד

WORDS TO STUDY

בָּחַר (בחר) he chose

בָּנוּ us

זֵכֶר remembrance

חָכָם, חֲכָמִים wise, smart

חַלָּה, חַלּוֹת ḥallah

חוֹשֵׁב, חוֹשֶׁבֶת (חשב) think

יְצִיאַת מִצְרַיִם Exodus from Egypt

לַיְלָה night

לֵיל שַׁבָּת Friday night (night of Shabbat)

לָמַדְנוּ (למד) we learned

עַם, עַמִּים nation(s), people

צוֹדֵק, צוֹדֶקֶת (צדק) correct, right

SUFFIXES

וֹ__ his

SUFFIX REVIEW

נוּ_our(s), ךָ_your(s), וֹ_his

Here is a list of words as they appear in the סִדּוּר.

1 Write the basic word in column 1.
2 Write the suffix that is attached to the word in column 2.
3 Write the English meaning in column 3.

3	2	1	
English	Suffix	Basic Word	בַּסִּדּוּר
your name	ךָ	שֵׁם	1 שִׁמְךָ
			2 אָבִינוּ
			3 שְׁלוֹמֶךָ
			4 תּוֹרָתוֹ
			5 מַלְכֵּנוּ
			6 בֵּיתֶךָ
			7 עַמּוֹ
			8 מְלַאכְתּוֹ
			9 עוֹלָמֶךָ
			10 בִּנְךָ

PRAYER PRACTICE

Read these סִדּוּר passages and circle the word related to the key words: עַם (people, nation) and בֵּן (son, child).

1 דַּבֵּר אֶל בְּנֵי יִשְׂרָאֵל

2 וְשִׁנַּנְתָּם לְבָנֶיךָ, וְדִבַּרְתָּ בָּם

3 אֲשֶׁר בָּחַר בָּנוּ מִכָּל הָעַמִּים

4 תּוֹרַת אֱמֶת נָתַן לְעַמּוֹ אֵל

5 וְלִמַּדְתֶּם אֹתָם אֶת בְּנֵיכֶם

6 אַתָּה שׁוֹמֵעַ תְּפִלּוֹת עַמְּךָ יִשְׂרָאֵל

7 מֹשֶׁה וּבְנֵי יִשְׂרָאֵל לְךָ עָנוּ שִׁירָה

8 אַשְׁרֵי הָעָם שֶׁה׳ אֱלֹהָיו

9 בִּימֵי מַתִּתְיָהוּ בֶּן יוֹחָנָן, כֹּהֵן גָּדוֹל

10 ה׳ יְבָרֵךְ אֶת עַמּוֹ בַשָּׁלוֹם

1 Find the sentence that says: "God will bless his people with peace."
Line # ______

2 Find the sentence that says: "Who chose us from all the nations."
Line # ______

3 Find the sentence that mentions Moshe and the children of Israel.
Line # ______

4 Write the Hebrew for "children of Israel."

____

PAST TENSE (עָבָר)

These sentences show the forms of the verb (למד) in the past tense, עָבָר, with the pronouns הוּא (he) and אַתָּה (you).

He studied	הוּא לָמַד
You studied	אַתָּה לָמַדְתָּ

1 How are the two verbs related? ______________________________

____

2 How are they different? ______________________________

____

3 In the past tense, עָבָר, the vowel pattern of the verb with הוּא is

□ָ□ַ□

4 In the past tense, עָבָר, the vowel pattern of the verb with אַתָּה is

□ָ□ַ□ְתָּ

Check the column which tells you who did it: אַתָּה or הוּא.

אַתָּה	הוּא	
______	✓	1 אָמַר שָׁלוֹם
______	______	2 בָּחַרְתָּ פְּרָחִים יָפִים
______	______	3 אָכַל חַלָּה
______	______	4 אָהַבְתָּ אֶת הַטַּלִּית
______	______	5 יָשַׁבְתָּ בְּבֵית־הַכְּנֶסֶת

FILL THE SPACES

Write the Hebrew for each English word. Write one letter in each space and leave out the vowels. Next, write every letter that has a number under it in the spaces at the bottom of the page and you will discover the last two words of the קִדּוּשׁ we recite on לֵיל שַׁבָּת.

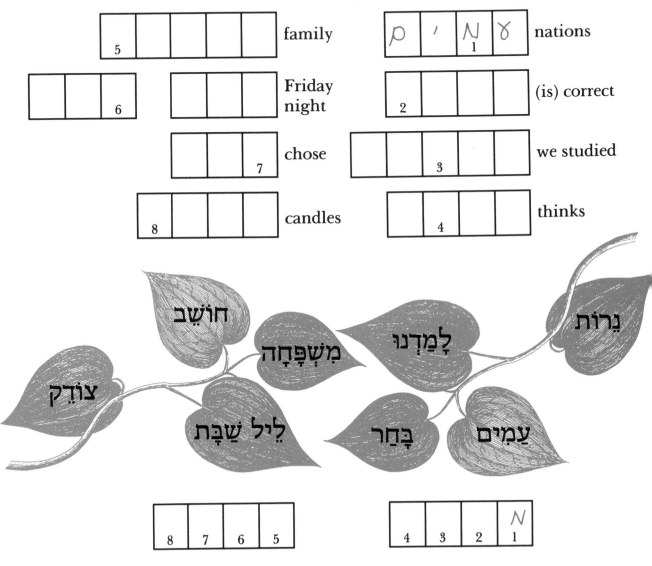

family: ☐ ☐ ☐ ☐ ☐(5)

nations: ע מ(1) י ם

Friday night: ☐ ☐ ☐ ☐ ☐ ☐(6)

(is) correct: ☐(2) ☐ ☐ ☐

chose: ☐ ☐ ☐(7)

we studied: ☐ ☐ ☐(3) ☐ ☐

candles: ☐(8) ☐ ☐ ☐

thinks: ☐ ☐(4) ☐ ☐

חוֹשֵׁב
מִשְׁפָּחָה
צוֹדֵק
לֵיל שַׁבָּת
לָמַדְנוּ
נֵרוֹת
בָּחַר
עַמִּים

☐(8) ☐(7) ☐(6) ☐(5)   ☐(4) ☐(3) ☐(2) מ(1)

SENTENCE MATCH

Check the Hebrew phrase that means the same as the English.

1

Holy, Holy, Holy

- ○ אֲשֶׁר קִדְּשָׁנוּ בְּמִצְוֺתָיו
- ✓ קָדוֹשׁ, קָדוֹשׁ, קָדוֹשׁ
- ○ וְשַׁבַּת קָדְשֶׁךָ

2

Blessed is He who gave the Torah to His people.

- ○ בָּרוּךְ שֶׁנָּתַן תּוֹרָה לְעַמּוֹ
- ○ אֲשֶׁר נָתַן לָנוּ תּוֹרַת אֱמֶת
- ○ בָּרוּךְ אַתָּה ה׳ הַבּוֹחֵר בַּתּוֹרָה

3

A reminder of the Exodus from Egypt

- ○ זִכָּרוֹן לְמַעֲשֵׂה בְרֵאשִׁית
- ○ יוֹם תְּחִלָּה לְמִקְרָאֵי קֹדֶשׁ
- ○ זֵכֶר לִיצִיאַת מִצְרָיִם

4

And you shall love the Lord, your God.

- ○ וְאָהַבְתָּ אֵת ה׳ אֱלֹהֶיךָ
- ○ אַהֲבָה רַבָּה אֲהַבְתָּנוּ
- ○ אוֹהֵב אֶת עַמּוֹ יִשְׂרָאֵל

5

You chose us from all the nations.

- ○ הַבּוֹחֵר בְּעַמּוֹ יִשְׂרָאֵל בְּאַהֲבָה
- ○ אוֹתָנוּ קִדַּשְׁתָּ מִכָּל הָעַמִּים
- ○ בָּנוּ בָחַרְתָּ מִכָּל הָעַמִּים

אַשְׁרֵי

The אַשְׁרֵי prayer is written in alphabetical order beginning with the line after תְּהִלָּה לְדָוִד. We call this alphabetical arrangement an acrostic. In this prayer we thank God for His goodness and mercy. Practice reading the אַשְׁרֵי prayer.

FLUENT SIDDUR READING

1 אַשְׁרֵי יוֹשְׁבֵי בֵיתֶךָ עוֹד יְהַלְלוּךָ סֶּלָה.

2 אַשְׁרֵי הָעָם שֶׁכָּכָה לּוֹ אַשְׁרֵי הָעָם שֶׁה׳ אֱלֹהָיו.

3 תְּהִלָּה לְדָוִד

4 אֲרוֹמִמְךָ אֱלוֹהַי הַמֶּלֶךְ וַאֲבָרְכָה שִׁמְךָ לְעוֹלָם וָעֶד.

5 בְּכָל יוֹם אֲבָרְכֶךָּ וַאֲהַלְלָה שִׁמְךָ לְעוֹלָם וָעֶד:

6 גָּדוֹל ה׳ וּמְהֻלָּל מְאֹד וְלִגְדֻלָּתוֹ אֵין חֵקֶר.

7 דּוֹר לְדוֹר יְשַׁבַּח מַעֲשֶׂיךָ וּגְבוּרֹתֶיךָ יַגִּידוּ.

8 הֲדַר כְּבוֹד הוֹדֶךָ וְדִבְרֵי נִפְלְאֹתֶיךָ אָשִׂיחָה.

9 וֶעֱזוּז נוֹרְאוֹתֶיךָ יֹאמֵרוּ וּגְדֻלָּתְךָ אֲסַפְּרֶנָּה.

10 זֵכֶר רַב טוּבְךָ יַבִּיעוּ וְצִדְקָתְךָ יְרַנֵּנוּ.

11 חַנּוּן וְרַחוּם ה׳ אֶרֶךְ אַפַּיִם וּגְדָל חָסֶד.

א אֲרוֹמִמְךָ

ב ______

ג ______

ד ______

Here are the twenty-two letters of the Hebrew alphabet. Write the first word of each line beginning with line 4. One of the letters in the alphabet is missing in the אַשְׁרֵי *prayer. Can you find it? Which one?* ______

12 טוֹב ה׳ לַכֹּל וְרַחֲמָיו עַל כָּל מַעֲשָׂיו.

13 יוֹדוּךָ ה׳ כָּל מַעֲשֶׂיךָ וַחֲסִידֶיךָ יְבָרְכוּכָה.

14 כְּבוֹד מַלְכוּתְךָ יֹאמֵרוּ וּגְבוּרָתְךָ יְדַבֵּרוּ.

15 לְהוֹדִיעַ לִבְנֵי הָאָדָם גְּבוּרֹתָיו וּכְבוֹד הֲדַר מַלְכוּתוֹ.

16 מַלְכוּתְךָ מַלְכוּת כָּל עֹלָמִים וּמֶמְשַׁלְתְּךָ בְּכָל דֹּר וָדֹר.

17 סוֹמֵךְ ה׳ לְכָל הַנֹּפְלִים וְזוֹקֵף לְכָל הַכְּפוּפִים.

18 עֵינֵי כֹל אֵלֶיךָ יְשַׂבֵּרוּ וְאַתָּה נוֹתֵן לָהֶם אֶת אָכְלָם בְּעִתּוֹ.

19 פּוֹתֵחַ אֶת יָדֶךָ וּמַשְׂבִּיעַ לְכָל חַי רָצוֹן.

20 צַדִּיק ה׳ בְּכָל דְּרָכָיו וְחָסִיד בְּכָל מַעֲשָׂיו.

21 קָרוֹב ה׳ לְכָל קֹרְאָיו לְכֹל אֲשֶׁר יִקְרָאֻהוּ בֶאֱמֶת.

22 רְצוֹן יְרֵאָיו יַעֲשֶׂה וְאֶת שַׁוְעָתָם יִשְׁמַע וְיוֹשִׁיעֵם.

23 שׁוֹמֵר ה׳ אֶת כָּל אֹהֲבָיו וְאֵת כָּל הָרְשָׁעִים יַשְׁמִיד.

24 תְּהִלַּת ה׳ יְדַבֶּר פִּי וִיבָרֵךְ כָּל בָּשָׂר שֵׁם קָדְשׁוֹ לְעוֹלָם וָעֶד.

25 וַאֲנַחְנוּ נְבָרֵךְ יָהּ מֵעַתָּה וְעַד עוֹלָם. הַלְלוּיָהּ.

ה _____	י _____	נ _____	ק _____
ו _____	כ _____	ס _____	ר _____
ז _____	ל _____	ע _____	ש _____
ח _____	מ _____	פ _____	ת _____
ט _____		צ _____	

הַתְּפִלָּה מִן הַלֵּב

הָאָב וְהָאֵם יוֹשְׁבִים בְּבֵית־הַכְּנֶסֶת.

הֵם קוֹרְאִים בַּסִּדּוּר וּמִתְפַּלְלִים.

גַּם הַבָּנִים, יוֹסֵף וְדָוִד בְּבֵית־הַכְּנֶסֶת.

דָּוִד יוֹשֵׁב עַל־יַד הָאֵם. הוּא קוֹרֵא בַּסִּדּוּר וּמִתְפַּלֵּל.

יוֹסֵף, הַבֵּן הַקָּטָן, יוֹשֵׁב בֵּין הָאָב וְהָאֵם.

יוֹסֵף שׁוֹמֵעַ אֶת הַתְּפִלּוֹת, אֲבָל הוּא לֹא קוֹרֵא בַּסִּדּוּר.

אַחֲרֵי הַתְּפִלּוֹת הַמִּשְׁפָּחָה הוֹלֶכֶת לַבַּיִת.

בַּדֶּרֶךְ, יוֹסֵף אוֹמֵר לְדָוִד: אֲנִי לֹא יוֹדֵעַ לִקְרֹא,

אֲבָל אֲנִי מִתְפַּלֵּל לַה׳.

ה׳ שׁוֹמֵעַ אֶת הַתְּפִלּוֹת שֶׁלִּי.

דָּוִד אוֹמֵר:

אִם אַתָּה לֹא קוֹרֵא בַּסִּדּוּר, אַתָּה לֹא מִתְפַּלֵּל.

יוֹסֵף אוֹמֵר לְדָוִד: אֲנִי לֹא יוֹדֵעַ לִקְרֹא.

אֲבָל אֲנִי יוֹדֵעַ אֶת הָאָלֶף־בֵּית.

כַּאֲשֶׁר אֲנִי מִתְפַּלֵּל, אֲנִי אוֹמֵר אֶת הָאָלֶף־בֵּית

וַה׳ עוֹשֶׂה תְּפִלּוֹת מִן הָאָלֶף־בֵּית שֶׁלִּי.

ה׳ יוֹדֵעַ שֶׁאֲנִי מִתְפַּלֵּל בְּכָל לִבִּי וּבְכָל נַפְשִׁי.

הָאָב שׁוֹמֵעַ אֶת דִבְרֵי יוֹסֵף וְהוּא אוֹמֵר:

אַתָּה צוֹדֵק, יוֹסֵף.

אַתָּה מִתְפַּלֵּל בְּכָל לְבָבְךָ וּבְכָל נַפְשְׁךָ וּבְכָל מְאֹדֶךָ.

ה׳ שׁוֹמֵעַ אֶת הַתְּפִלָּה שֶׁלְּךָ

כִּי הַתְּפִלָּה שֶׁלְּךָ בָּאָה מִן הַלֵּב.

WORD MATCH

All of these words are in the וְאָהַבְתָּ prayer.

Circle the part of each Hebrew word that means *your*.

Match the English with the Hebrew by writing the number of the Hebrew word next to the English.

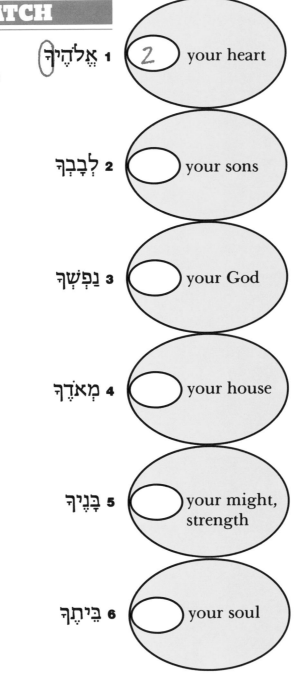

1 אֱלֹהֶיךָ — ② your heart

2 לְבָבְךָ — ◯ your sons

3 נַפְשְׁךָ — ◯ your God

4 מְאֹדֶךָ — ◯ your house

5 בָּנֶיךָ — ◯ your might, strength

6 בֵּיתֶךָ — ◯ your soul

WORDS TO STUDY

alphabet	אָלֶף־בֵּית
between	בֵּין
way, road	דֶּרֶךְ
on the way	בַּדֶּרֶךְ
words	דְּבָרִים
words of	דִּבְרֵי
heart	לֵב
my heart	לִבִּי
your heart	לְבָבְךָ
לִקְרֹא (קרא)	
to read, to call	
מְאֹדֶךָ	
your strength, your might	
soul	נֶפֶשׁ
your soul	נַפְשְׁךָ
שׁוֹמֵעַ (שמע)	
hear, listen	
he heard	שָׁמַע

PRAYER PUZZLE

Write the English words that mean the same as the Hebrew words. Find the Hebrew words in the puzzle and shade them in. Read the words from top to bottom.

ה	מ	מ	י	ע
ל	א	ת	ו	ו
ב	ד	פּ	ד	שׁ
בּ	ך	ל	ע	ה
ד	י	ל	נ	ד
ר	ו	בּ	פ	ב
ךְ	ם	א	שׁ	ר
א	שׁ	ה	ךְ	י
ו	ל	שׁ	א	כּ
ה	ךְ	ו	מ	ל
ב	מ	מ	ר	ה
ל	ן	ע	ק	ת
ב	בּ	י	ו	פ
ב	י	שׁ	ר	ל
ךְ	ן	ב	א	ה

1 שׁוֹמֵעַ hear ______
2 מִתְפַּלֵּל ______
3 בֵּין ______
4 יוֹדֵעַ ______
5 כָּל ______
6 עוֹשֶׂה ______
7 נַפְשְׁךָ ______
8 (ישׁב) ______
9 דִּבְרֵי ______
10 שֶׁלְּךָ ______
11 קוֹרֵא ______
12 (אמר) ______
13 בַּדֶּרֶךְ ______
14 מְאֹדֶךָ ______
15 אוֹהֵב ______
16 לְבָבְךָ ______
17 יוֹם ______

Write the words that remain in the puzzle:

______ ______ ______ ______

Now write the English meaning:

______

PRAYER PRACTICE

Practice reading these סִדּוּר passages. Underline the words that belong to the שֹׁרֶשׁ (שמע) hear, listen.

1 כִּי אַתָּה שׁוֹמֵעַ תְּפִלַּת עַמְּךָ יִשְׂרָאֵל

2 שְׁמַע יִשְׂרָאֵל ה׳ אֱלֹהֵינוּ ה׳ אֶחָד

3 זְמִירוֹת יֹאמֵרוּ וְתִשְׁבָּחוֹת יַשְׁמִיעוּ

4 בָּרוּךְ אַתָּה ה׳ שׁוֹמֵעַ תְּפִלָּה

5 לְהָבִין וּלְהַשְׂכִּיל לִשְׁמֹעַ לִלְמֹד וּלְלַמֵּד

6 וְאֶת זַעֲקָתָם שָׁמַעְתָּ עַל יַם סוּף

7 וְהָיָה אִם שָׁמֹעַ תִּשְׁמְעוּ אֶל מִצְוֹתַי

8 שְׁמַע קוֹלֵנוּ ה׳ אֱלֹהֵינוּ

9 כִּי אֵל שׁוֹמֵעַ תְּפִלּוֹת וְתַחֲנוּנִים אָתָּה

10 אַשְׁרֵי אִישׁ שֶׁיִּשְׁמַע לְמִצְוֹתֶיךָ

1 Find the passage that contains the שֹׁרֶשׁ (שמע) two times.
Line #______

2 Find the passage that says: "Because you hear the prayer of your people Israel."
Line #______

3 Copy the passage that states: "There is one God."
Line #______

____

4 Copy the passage that states: "God hears prayers."
Line #______

____

Draw a line from the
שֹׁרֶשׁ to its English meaning.

CONNECTIONS

want	(שׁיר)
say	(רצה)
do	(קדשׁ)
sing	(אמר)
answer	(עשׂה)
make holy	(ענה)

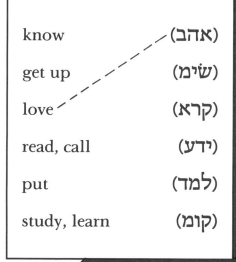

know	(אהב)
get up	(שׂימ)
love	(קרא)
read, call	(ידע)
put	(למד)
study, learn	(קומ)

sit	(בוא)
give	(שׁמע)
hear, listen	(אכל)
walk, go	(נתנ)
eat	(הלכ)
come	(ישׁב)

rest	(ברא)
choose	(צוה)
command	(שׁבת)
create	(זכר)
stand	(בחר)
remember	(עמד)

SUFFIX (יִ my, mine)

In Hebrew, we have two ways of saying "my nation."
We can say it in two words: הָעַם שֶׁלִי
We can say it in one word: עַמִי

To form the word עַמִי

1 What part of the word שֶׁלִי do we attach to the word עַם?

_____

2 What part of the word שֶׁלִי was not used? _____

3 What does the יִ ◌ mean? _____

4 What do the words

אָבִי _____ אִמִי _____ בְּנִי _____ mean?

Circle the Hebrew word that means the same as the English.
Follow the example.

	English		
1	your house	בֵּיתְךָ	בַּיִת
2	my soul	נַפְשִׁי	נֶפֶשׁ
3	your strength	מְאֹדֶךָ	מְאֹדִי
4	daughter	בִּתּוֹ	בַּת
5	his nation	עַמֵנוּ	עַמוֹ
6	my land	אַרְצִי	אֶרֶץ
7	king	מַלְכֵּנוּ	מֶלֶךְ
8	our world	עוֹלָמֵנוּ	עוֹלָמְךָ
9	your siddur	סִדוּרְךָ	סִדוּרִי
10	our God	אֱלֹהֵינוּ	אֱלֹהִים

POSSESSIVE PRONOUNS

Here are all the Hebrew possessive pronouns and the possessive pronoun endings that are attached to a noun.

Endings	Plural	Possessive Pronouns	Endings	Singular	Possessive Pronouns
□ֵנוּ	our (m., f.)	שֶׁלָּנוּ	□ִי	my (m., f.)	שֶׁלִּי
□ְכֶם	your (m., pl.)	שֶׁלָּכֶם	□ְךָ	your (m.)	שֶׁלְּךָ
□ְכֶן	your (f., pl.)	שֶׁלָּכֶן	□ֵךְ	your (f.)	שֶׁלָּךְ
□ָם	their (m.)	שֶׁלָּהֶם	□וֹ	his	שֶׁלּוֹ
□ָן	their (f.)	שֶׁלָּהֶן	□ָהּ	her(s)	שֶׁלָּהּ

Write the Hebrew possessive pronouns according to the English. Follow the example.

1 my head הָרֹאשׁ ___שֶׁלִּי___

2 your (m.s.) house הַבַּיִת ______

3 your (f.s.) chair הַכִּסֵּא ______

4 his prayer הַתְּפִלָּה ______

5 her cup הַכּוֹס ______

6 our day הַיּוֹם ______

7 your (m.pl.) book הַסֵּפֶר ______

8 your (f.pl.) table הַשֻּׁלְחָן ______

9 their (m.pl.) nation הָעַם ______

10 their (f.pl.) mother הָאֵם ______

SENSIBLE SENTENCES

Write the Hebrew word that will make the Hebrew phrase mean the same as the English one.

1 וְאָהַבְתָּ אֵת ה׳ אֱלֹהֶיךָ ______ — love the Lord <u>your God</u>.

2 בְּכָל ______ וּבְכָל נַפְשְׁךָ — with all <u>your heart</u> and with all your soul

3 אֲשֶׁר אָנֹכִי מְצַוְּךָ ______ — which I command you <u>today</u>

4 בְּשִׁבְתְּךָ ______ — when you sit <u>in your house</u>

5 וּבְלֶכְתְּךָ ______ — and when you walk (go) <u>on the road (way)</u>

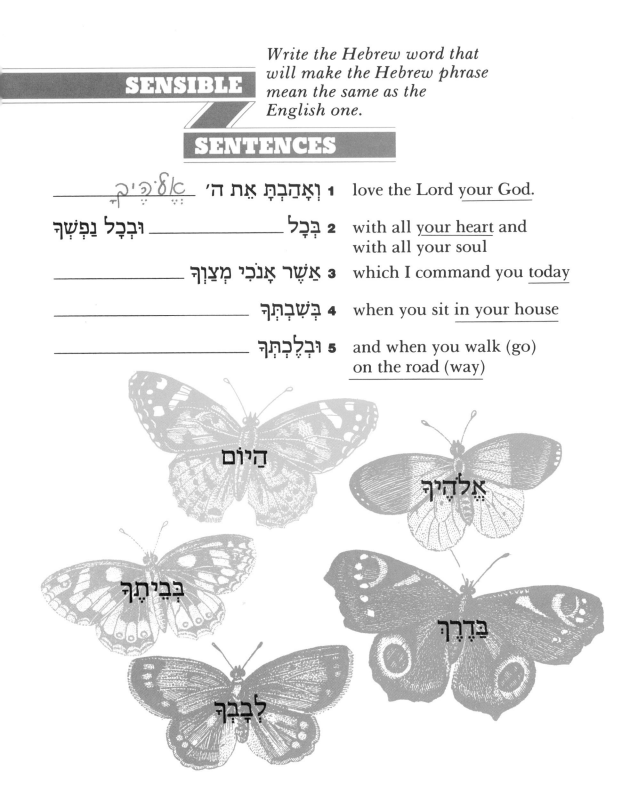

הַיּוֹם
אֱלֹהֶיךָ
בְּבֵיתֶךָ
בַּדֶּרֶךְ
לְבָבְךָ

עָלֵינוּ

This prayer is recited at the end of every prayer service. In this prayer we praise and thank God. We bend our knees and bow to show our respect for God, the King of kings. Practice reading the prayer.

1 עָלֵינוּ לְשַׁבֵּחַ לַאֲדוֹן הַכֹּל לָתֵת גְּדֻלָּה לְיוֹצֵר בְּרֵאשִׁית,

2 שֶׁלֹּא עָשָׂנוּ כְּגוֹיֵי הָאֲרָצוֹת וְלֹא שָׂמָנוּ כְּמִשְׁפְּחוֹת הָאֲדָמָה.

3 שֶׁלֹּא שָׂם חֶלְקֵנוּ כָּהֶם וְגוֹרָלֵנוּ כְּכָל הֲמוֹנָם.

4 וַאֲנַחְנוּ כּוֹרְעִים וּמִשְׁתַּחֲוִים וּמוֹדִים

5 לִפְנֵי מֶלֶךְ מַלְכֵי הַמְּלָכִים הַקָּדוֹשׁ בָּרוּךְ הוּא.

6 שֶׁהוּא נוֹטֶה שָׁמַיִם וְיוֹסֵד אָרֶץ

7 וּמוֹשַׁב יְקָרוֹ בַּשָּׁמַיִם מִמַּעַל וּשְׁכִינַת עֻזּוֹ בְּגָבְהֵי מְרוֹמִים.

8 הוּא אֱלֹהֵינוּ אֵין עוֹד.

9 אֱמֶת מַלְכֵּנוּ אֶפֶס זוּלָתוֹ.

10 כַּכָּתוּב בְּתוֹרָתוֹ. וְיָדַעְתָּ הַיּוֹם וַהֲשֵׁבֹתָ אֶל לְבָבֶךָ

11 כִּי ה׳ הוּא הָאֱלֹהִים בַּשָּׁמַיִם מִמַּעַל

12 וְעַל הָאָרֶץ מִתָּחַת אֵין עוֹד.

FLUENT SIDDUR

READING

בַּיִת חָדָשׁ

לְמִשְׁפַּחַת כֹּהֵן יֵשׁ בַּיִת חָדָשׁ.

הַרְבֵּה אוֹרְחִים בָּאִים לַבַּיִת הֶחָדָשׁ.

מֹשֶׁה וְרִנָּה עוֹמְדִים עַל־יַד הַדֶּלֶת.

הֵם פּוֹתְחִים אֶת הַדֶּלֶת לָאוֹרְחִים וְאוֹמְרִים:

בְּרוּכִים הַבָּאִים.

כַּאֲשֶׁר סַבָּא וְסַבְתָּא בָּאִים לַבַּיִת

מֹשֶׁה וְרִנָּה שְׂמֵחִים.

הֵם אוֹהֲבִים אֶת סַבָּא וְסַבְתָּא.

מֹשֶׁה שׁוֹאֵל: סַבָּא, מַה בַּיָּד שֶׁלְּךָ?

סַבָּא עוֹנֶה: יֵשׁ לִי מְזוּזָה לַבַּיִת הֶחָדָשׁ.

רִנָּה אוֹמֶרֶת: יֵשׁ לָנוּ הַרְבֵּה מְזוּזוֹת.

סַבָּא אוֹמֵר: הַמְּזוּזָה מֵאֶרֶץ יִשְׂרָאֵל.

כַּאֲשֶׁר הָאֵם שׁוֹמַעַת אֶת דִּבְרֵי רִנָּה הָאֵם אוֹמֶרֶת:

אַתְּ צוֹדֶקֶת רִנָּה, יֵשׁ לָנוּ הַרְבֵּה מְזוּזוֹת

אֲבָל אֵין לָנוּ מְזוּזָה מֵאֶרֶץ יִשְׂרָאֵל.

מֹשֶׁה שׁוֹאֵל: לָמָּה יֵשׁ מְזוּזָה בְּפֶתַח כָּל חֶדֶר?

סַבָּא עוֹנֶה: הַמְזוּזָה אוֹת לְבַיִת יְהוּדִי.

בַּתּוֹרָה כָּתוּב:

"וּכְתַבְתָּם עַל מְזוּזוֹת בֵּיתֶךָ וּבִשְׁעָרֶיךָ".

סַבְתָּא שׁוֹאֶלֶת: מִי יוֹדֵעַ מַה כָּתוּב בַּמְזוּזָה?

רִנָּה וּמֹשֶׁה עוֹנִים: כֻּלָּנוּ יוֹדְעִים אֶת זֶה.

בַּמְזוּזָה כָּתוּב:

"שְׁמַע יִשְׂרָאֵל ה׳ אֱלֹהֵינוּ ה׳ אֶחָד!"

VERB FAMILIES   מִשְׁפַּחַת מִלִים

Each line has four words. Three of the words belong to the same verb family and the same שֹׁרֶשׁ. Circle the word that does not belong.

שָׁמַעְנוּ	(שׁוֹמֵר)	שָׁמַעְתָּ	שׁוֹמֵעַ **1**
אוֹמֵר	אָמַרְנוּ	עָמַדְתָּ	אָמַר **2**
קְשַׁרְתֶּם	וַיְקַדֵּשׁ	קִדֵּשׁ	קִדְּשָׁנוּ **3**
קָרָאתָ	יִרְאוּ	קוֹרְאִים	וַיִּקְרָא **4**
כָּתַבְתָּ	זָכַרְתָּ	זוֹכֶרֶת	יִזְכֹּר **5**
אָהַבְתִּי	אוֹהֵב	וְאָהַבְתָּ	אָכַלְתָּ **6**
יוֹדַעַת	יָדְעוּ	עָמַדְתָּ	יָדַע **7**
הָלַךְ	אָכַלְנוּ	הוֹלְכִים	הָלַכְנוּ **8**
לְבָרֵךְ	בָּרָאתָ	יִתְבָּרֵךְ	וּבֵרַכְתָּ **9**
פָּתַחְתִּי	יִפְתַּח	פּוֹתֵחַ	פְּרָחִים **10**

WORDS TO STUDY

אוֹרֵחַ, אוֹרְחִים
guest(s)

sign, symbol   אוֹת

one   אֶחָד

אֵין לָנוּ
we do not have

בְּרוּכִים הַבָּאִים
welcome

many   הַרְבֵּה

this (is)   זֶה, זֹאת

hand(s)   יָד, יָדַיִם

I have   יֵשׁ לִי
we have   יֵשׁ לָנוּ

write   כּוֹתֵב (כתב)
(is) written   כָּתוּב
and you   וּכְתַבְתָּם
shall write them

mezuzah   מְזוּזָה

open (פתח)   פּוֹתֵחַ
opening   פֶּתַח

gate   שַׁעַר
your gates   שְׁעָרֶיךָ

Circle the Hebrew word that means the same as the English words.

עַמָּה	(עַמּוֹ)	עַמְּךָ	**1**	his people (nation)
מַלְכֵּנוּ	מַלְכָּם	מַלְכִּי	**2**	our king
לְבַבְכֶם	לְבָבִי	לְבָבְךָ	**3**	my heart
אַרְצָהּ	אֶרֶץ	אַרְצְךָ	**4**	your land
זְמַנּוּ	זְמַנִּי	זְמַן	**5**	his time
שְׁמוֹ	שְׁמִי	שִׁמְךָ	**6**	your name
אָבִינוּ	אָבִיךָ	אָבִי	**7**	our father
יָדָהּ	יָדוֹ	יָדֶךָ	**8**	your hand
אֱלֹהֶיךָ	אֱלֹהֵינוּ	אֱלֹהִים	**9**	our God
בְּנוֹ	בִּנְךָ	בְּנִי	**10**	my son

ATTACHED WORDS

Circle and write the Hebrew possessive pronoun endings that are attached to the nouns. Write the English meaning.

_____ _____	אֱלֹהֵינוּ **6**	_his_ ___וֹ___	בֵּיתוֹ **1**
_____ _____	לְבָבְךָ **7**	_____ _____	כּוֹסְךָ **2**
_____ _____	שְׁמִי **8**	_____ _____	סִדּוּרֵנוּ **3**
_____ _____	בְּנָהּ **9**	_____ _____	עַמִּי **4**
_____ _____	אַרְצוֹ **10**	_____ _____	נַפְשְׁךָ **5**

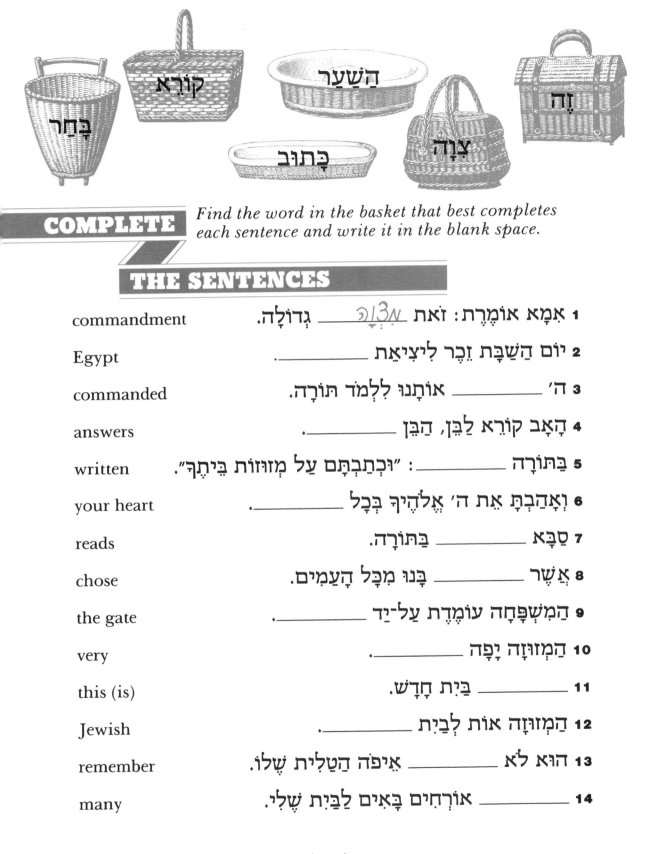

בָּחַר
קוֹרֵא
הַשַּׁעַר
כָּתוּב
צִוָּה
זֶה

COMPLETE THE SENTENCES

Find the word in the basket that best completes each sentence and write it in the blank space.

commandment	אִמָּא אוֹמֶרֶת: זֹאת __מִצְוָה__ גְּדוֹלָה.	1
Egypt	יוֹם הַשַּׁבָּת זֵכֶר לִיצִיאַת ______.	2
commanded	ה׳ ______ אוֹתָנוּ לִלְמֹד תּוֹרָה.	3
answers	הָאָב קוֹרֵא לַבֵּן, הַבֵּן ______.	4
written	בַּתּוֹרָה ______: "וּכְתַבְתָּם עַל מְזוּזוֹת בֵּיתֶךָ".	5
your heart	וְאָהַבְתָּ אֵת ה׳ אֱלֹהֶיךָ בְּכָל ______.	6
reads	סַבָּא ______ בַּתּוֹרָה.	7
chose	אֲשֶׁר ______ בָּנוּ מִכָּל הָעַמִּים.	8
the gate	הַמִּשְׁפָּחָה עוֹמֶדֶת עַל-יַד ______.	9
very	הַמְּזוּזָה יָפָה ______.	10
this (is)	______ בַּיִת חָדָשׁ.	11
Jewish	הַמְּזוּזָה אוֹת לְבַיִת ______.	12
remember	הוּא לֹא ______ אֵיפֹה הַטַּלִּית שֶׁלּוֹ.	13
many	______ אוֹרְחִים בָּאִים לַבַּיִת שֶׁלִּי.	14

הַרְבֵּה
מִצְרַיִם
עוֹנֶה
מְאֹד
לְבָבְךָ
מִצְוָה
יְהוּדִי
זוֹכֵר

Copy the words you have written into the corresponding numbered spaces in the puzzle. If the words are in their proper spaces, you will discover the last three words of the בְּרָכָה *we say when attaching a* מְזוּזָה *to a doorpost.*

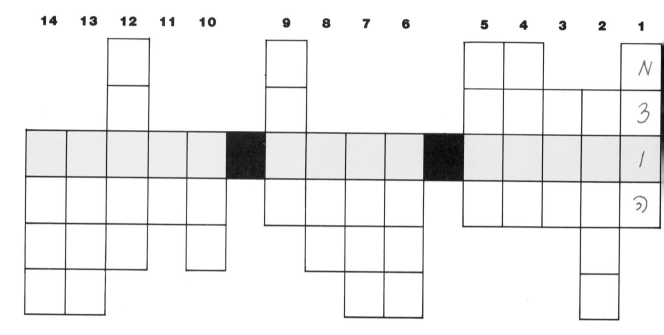

Add the three words, from the puzzle, to complete the בְּרָכָה we recite when we attach a מְזוּזָה to a door post.

בָּרוּךְ אַתָּה ה׳ אֱלֹהֵינוּ מֶלֶךְ הָעוֹלָם

אֲשֶׁר קִדְּשָׁנוּ בְּמִצְוֹתָיו ______ ______ ______.

וּכְתַבְתָּם עַל מְזֻזוֹת
בֵּיתֶךָ וּבִשְׁעָרֶיךָ

"And you shall write them on the doorposts of your house and on your gates."

This passage from the book of Deuteronomy (דְּבָרִים) tells us to place a מְזוּזָה on the doorposts of our home.

Read the וְאָהַבְתָּ prayer and underline the words that say: "and you shall write them on the doorposts of your house. ."

1 וְאָהַבְתָּ אֵת ה׳ אֱלֹהֶיךָ

2 בְּכָל לְבָבְךָ וּבְכָל נַפְשְׁךָ וּבְכָל מְאֹדֶךָ.

3 וְהָיוּ הַדְּבָרִים הָאֵלֶּה, אֲשֶׁר אָנֹכִי מְצַוְּךָ הַיּוֹם, עַל לְבָבֶךָ,

4 וְשִׁנַּנְתָּם לְבָנֶיךָ, וְדִבַּרְתָּ בָּם בְּשִׁבְתְּךָ בְּבֵיתֶךָ,

5 וּבְלֶכְתְּךָ בַדֶּרֶךְ, וּבְשָׁכְבְּךָ וּבְקוּמֶךָ,

6 וּקְשַׁרְתָּם לְאוֹת עַל יָדֶךָ, וְהָיוּ לְטֹטָפֹת בֵּין עֵינֶיךָ.

7 וּכְתַבְתָּם עַל מְזֻזוֹת בֵּיתֶךָ וּבִשְׁעָרֶיךָ.

We fulfill this מִצְוָה (religious commandment) by placing a מְזוּזָה in a diagonal position on the right-hand side of the doorpost (upper third) as we enter a house or a room.
The first time we put up a מְזוּזָה, we say this בְּרָכָה:

בָּרוּךְ אַתָּה ה׳, אֱלֹהֵינוּ מֶלֶךְ הָעוֹלָם,
אֲשֶׁר קִדְּשָׁנוּ בְּמִצְוֹתָיו וְצִוָּנוּ לִקְבֹּעַ מְזוּזָה.

Write the meaning of the בְּרָכָה:

____

____

____

The מְזוּזָה case can be made from wood, metal, ceramic or stone. It contains a small parchment scroll upon which a scribe has hand-written these passages from the תּוֹרָה:

שְׁמַע   וְאָהַבְתָּ   וְהָיָה אִם שָׁמֹעַ

The מְזוּזָה is a symbol of a Jewish home. It reminds us of the importance of living by the words of the תּוֹרָה.
If you were looking for a Jewish home (or person), what clues would help you identify the Jewish home?

____

____

Read these סִדּוּר passages. Circle the words related to the שָׁרָשִׁים (פתח) and (כתב).

1 בְּחָכְמָה פּוֹתֵחַ שְׁעָרִים

2 כַּכָּתוּב בְּתוֹרָתוֹ: וְיָדַעְתָּ הַיּוֹם וַהֲשֵׁבֹתָ אֶל לְבָבֶךָ

3 וּכְתַבְתָּם עַל מְזֻזוֹת בֵּיתֶךָ וּבִשְׁעָרֶיךָ

4 פְּתַח לִבִּי בְּתוֹרָתֶךָ וּבְמִצְוֹתֶיךָ תִּרְדּוֹף נַפְשִׁי

5 הָאֵל הַפּוֹתֵחַ בְּכָל יוֹם דַּלְתוֹת שַׁעֲרֵי מִזְרָח

6 כַּכָּתוּב בְּתוֹרָתֶךָ: ה׳ יִמְלֹךְ לְעוֹלָם וָעֶד

7 וְכֻלָּם פּוֹתְחִים אֶת פִּיהֶם בִּקְדֻשָּׁה וּבְטָהֳרָה

8 וְכָתְבֵנוּ בְּסֵפֶר הַחַיִּים לְמַעַנְךָ אֱלֹהִים חַיִּים

9 פּוֹתֵחַ אֶת יָדֶךָ וּמַשְׂבִּיעַ לְכָל חַי רָצוֹן

10 כְּמוֹ שֶׁכָּתַבְתָּ עָלֵינוּ בְּתוֹרָתֶךָ עַל יְדֵי מֹשֶׁה עַבְדֶּךָ

1 Which line tells us to write God's words on מְזֻזוֹת?
Line #_____.
Where do we put the מְזֻזוֹת? ________________

2 Find the words that say: "as (it is) written in Your Torah."
Line #_____.

3 Find the words that say: "as (it is) written in His Torah."
Line #_____.

4 When do we recite line 8? ____________________
Which "clue words" helped you? ____________ ____________

PRAYER PRACTICE

FLUENT SIDDUR READING

אֲדוֹן עוֹלָם

This song is well-known to Jews all over the world. The words of this song praise God's greatness, goodness and power. Practice reading the words. Can you learn to sing them?

1 אֲדוֹן עוֹלָם אֲשֶׁר מָלַךְ   בְּטֶרֶם כָּל יְצִיר נִבְרָא.

2 לְעֵת נַעֲשָׂה בְחֶפְצוֹ כֹּל   אֲזַי מֶלֶךְ שְׁמוֹ נִקְרָא.

3 וְאַחֲרֵי כִּכְלוֹת הַכֹּל   לְבַדּוֹ יִמְלֹךְ נוֹרָא.

4 וְהוּא הָיָה וְהוּא הֹוֶה   וְהוּא יִהְיֶה בְּתִפְאָרָה.

5 וְהוּא אֶחָד וְאֵין שֵׁנִי   לְהַמְשִׁיל לוֹ לְהַחְבִּירָה.

6 בְּלִי רֵאשִׁית בְּלִי תַכְלִית   וְלוֹ הָעֹז וְהַמִּשְׂרָה.

7 וְהוּא אֵלִי וְחַי גֹּאֲלִי   וְצוּר חֶבְלִי בְּעֵת צָרָה.

8 וְהוּא נִסִּי וּמָנוֹס לִי   מְנָת כּוֹסִי בְּיוֹם אֶקְרָא.

9 בְּיָדוֹ אַפְקִיד רוּחִי   בְּעֵת אִישַׁן וְאָעִירָה.

10 וְעִם רוּחִי גְּוִיָּתִי   ה׳ לִי וְלֹא אִירָא.

LESSON 12 שִׁעוּר

זְמַן לִשְׁמֹעַ

יוֹם רִאשׁוֹן בַּבֹּקֶר. הָאֵם אוֹמֶרֶת לְדָנִי:

לָמָה אַתָּה שׁוֹכֵב עַכְשָׁו? לָמָה אַתָּה לֹא קָם?

דָנִי אוֹמֵר: מָה אַתְּ אוֹמֶרֶת, אִמָא? אֲנִי לֹא שׁוֹמֵעַ.

יוֹם שֵׁנִי. לִפְנֵי שֶׁהַמִשְׁפָּחָה יוֹשֶׁבֶת וְאוֹכֶלֶת,

הָאֵם אוֹמֶרֶת לְדָנִי:

לָמָה אַתָּה לֹא רוֹחֵץ אֶת הַיָדַיִם שֶׁלְךָ?

דָנִי אוֹמֵר: מָה אַתְּ אוֹמֶרֶת, אִמָא? אֲנִי לֹא שׁוֹמֵעַ.

יוֹם שְׁלִישִׁי. בָּעֶרֶב, הָאֵם אוֹמֶרֶת לְדָנִי:

לָמָה אַתָּה מְדַבֵּר עִם יִצְחָק?

עַכְשָׁו זְמַן לִלְמֹד.

דָנִי אוֹמֵר: מָה אַתְּ אוֹמֶרֶת, אִמָא? אֲנִי לֹא שׁוֹמֵעַ.

יוֹם רְבִיעִי. הָאֵם אוֹמֶרֶת לְדָנִי:

לָמָה אַתָּה לֹא פּוֹתֵחַ אֶת הָעֵינַיִם?

עַכְשָׁו זְמַן לִקְרֹא בַּסֵפֶר.

דָנִי אוֹמֵר: מָה אַתְּ אוֹמֶרֶת, אִמָא? אֲנִי לֹא שׁוֹמֵעַ.

יוֹם חֲמִישִׁי. אַחֲרֵי שֶׁהַמִּשְׁפָּחָה אוֹכֶלֶת,

הָאָב וְהָאֵם יוֹשְׁבִים וּמְדַבְּרִים.

דָנִי יוֹשֵׁב בַּחֶדֶר וְקוֹרֵא סֵפֶר.

הָאֵם אוֹמֶרֶת לָאָב: יוֹם הַהוּלֶדֶת שֶׁל דָנִי בְּיוֹם שִׁשִּׁי.

הָאָב שׁוֹאֵל: מַה רוֹצֶה דָנִי לְיוֹם הַהוּלֶדֶת שֶׁלּוֹ?

הָאֵם עוֹנָה: אֲנִי לֹא יוֹדַעַת.

דָנִי קָם וְאוֹמֵר: אִמָּא, אַתְּ יוֹדַעַת מָה שֶׁאֲנִי רוֹצֶה.

לָמָּה אַתְּ אוֹמֶרֶת שֶׁאַתְּ לֹא יוֹדַעַת?

הָאֵם לֹא עוֹנָה.

דָנִי שׁוֹאֵל: לָמָּה אַתְּ לֹא מְדַבֶּרֶת?

הָאֵם אוֹמֶרֶת: מָה אַתָּה אוֹמֵר, דָנִי?

אֲנִי לֹא שׁוֹמַעַת!

POSSESSIVE PRONOUNS

Read each Hebrew word. Write the missing possessive pronoun.

עֵינִי	1	my	eye
עַמְּךָ	2	______	nation
בֵּיתוֹ	3	______	house
שְׁמָהּ	4	______	name
נַפְשֵׁנוּ	5	______	soul
אַרְצְךָ	6	______	land
יָדִי	7	______	hand
מַלְכֵּנוּ	8	______	king
לְבָבְךָ	9	______	heart
עוֹלָמוֹ	10	______	world

WORDS TO STUDY

יוֹם רִאשׁוֹן
Sunday (first day)

יוֹם שֵׁנִי
Monday (second day)

יוֹם שְׁלִישִׁי
Tuesday (third day)

יוֹם רְבִיעִי
Wednesday (fourth day)

יוֹם חֲמִישִׁי
Thursday (fifth day)

birthday יוֹם הוּלֶדֶת

before לִפְנֵי

לִשְׁמֹעַ (שמע)
to listen, to hear

מְדַבֵּר, מְדַבֶּרֶת
speak, talk (דבר)

eye(s) עַיִן, עֵינַיִם

with עִם

wash רוֹחֵץ (רחץ)

שׁוֹכֵב (שכב)
lie down

BINGO

Match each English word with a Hebrew word on the Bingo card. Write the number of the English word in the square.

לְפָנֵי

יָדַיִם

שׁוֹכֵב

עֵינַיִם

מְדַבֵּר

רוֹחֵץ

עוֹנָה

שׁוֹמַעַת

יוֹם רִאשׁוֹן

כּוֹתֵב

עִם

קוֹרֵא

זְמַן

יוֹדַעַת

1 עֶרֶב

אַחֲרֵי

1 evening
2 with
3 Sunday
4 hears, listens
5 before
6 washes
7 answers
8 after

9 lies down
10 time
11 eyes
12 knows
13 writes
14 hands
15 reads, calls
16 speaks, talks

BE A SIDDUR TRANSLATOR

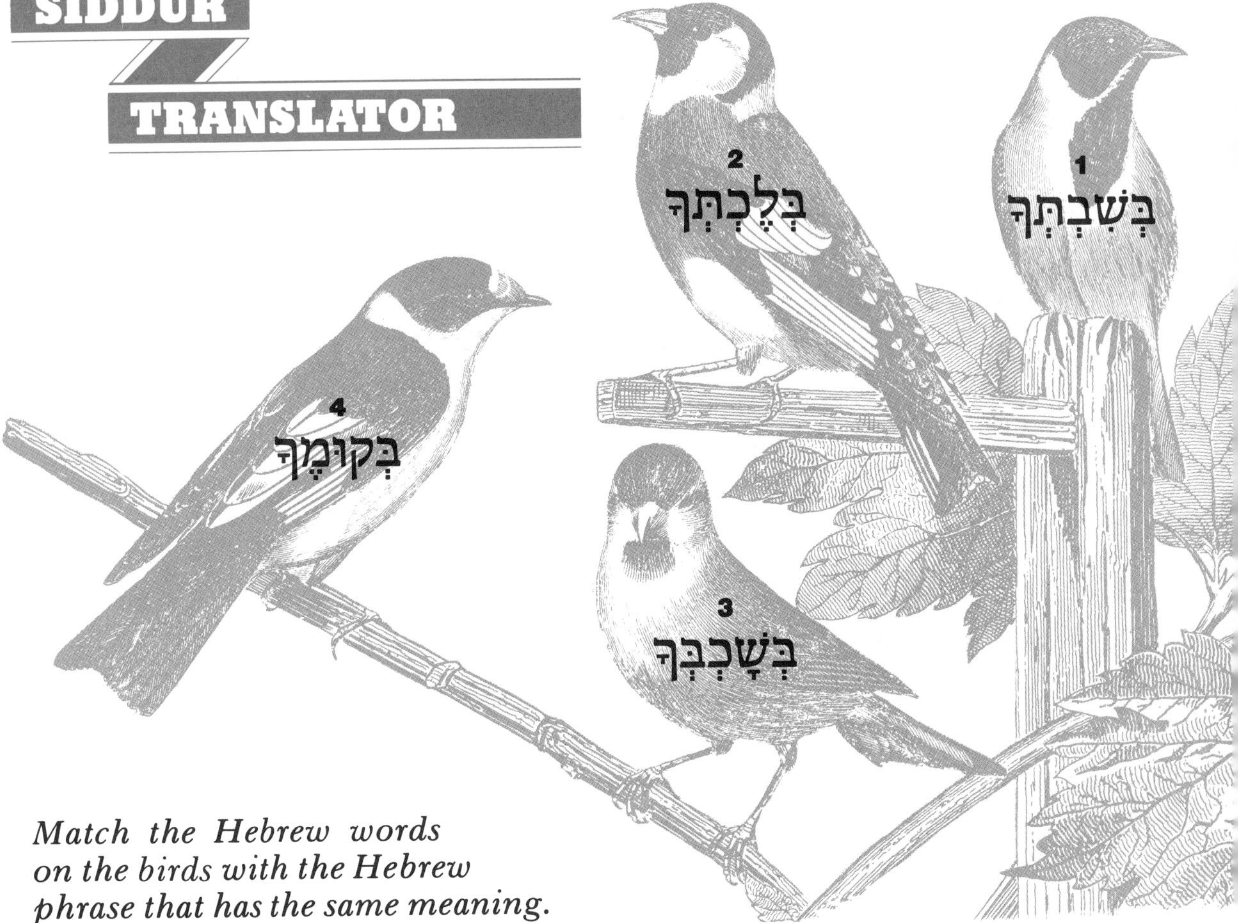

2
בְּלֶכְתְּךָ
1
בְּשִׁבְתְּךָ
4
בְּקוּמֶךָ
3
בְּשָׁכְבְּךָ

Match the Hebrew words on the birds with the Hebrew phrase that has the same meaning. Write the English meaning next to the Hebrew phrase.

when you get up ______ כַּאֲשֶׁר אַתָּה קָם ______ 4

______ כַּאֲשֶׁר אַתָּה שׁוֹכֵב ______

______ כַּאֲשֶׁר אַתָּה יוֹשֵׁב ______

______ כַּאֲשֶׁר אַתָּה הוֹלֵךְ ______

PRAYER

Read the passages and circle the words related to the שֹׁרֶשׁ (דבר).

1 וְדִבַּרְתָּ בָּם בְּשִׁבְתְּךָ בְּבֵיתֶךָ

2 לְדַבֵּר בָּם בְּשִׁבְתְּךָ בְּבֵיתֶךָ

3 וַיֹּאמֶר ה׳ אֶל מֹשֶׁה לֵּאמֹר: דַּבֵּר אֶל בְּנֵי יִשְׂרָאֵל

4 הָאוֹמֵר וְעוֹשֶׂה, הַמְדַבֵּר וּמְקַיֵּם

5 וַיְדַבֵּר מֹשֶׁה אֶת מֹעֲדֵי ה׳ אֶל בְּנֵי יִשְׂרָאֵל

6 תְּהִלַּת ה׳ יְדַבֵּר פִּי וִיבָרֵךְ כָּל בָּשָׂר שֵׁם קָדְשׁוֹ

7 וְתִשְׁכּוֹן בְּתוֹכָהּ כַּאֲשֶׁר דִּבַּרְתָּ

8 וַיְדַבֵּר אֱלֹהִים אֵת כָּל הַדְּבָרִים הָאֵלֶּה לֵאמֹר

9 כְּבוֹד מַלְכוּתְךָ יֹאמֵרוּ וּגְבוּרָתְךָ יְדַבֵּרוּ

10 נְצוֹר לְשׁוֹנִי מֵרָע וּשְׂפָתַי מִדַּבֵּר מִרְמָה

PRACTICE

Read lines #1 and #2. You know line #1 from וְאָהַבְתָּ, שְׁמַע.
Write the English meaning of line #1.

____

____

Find passages that contain both the שֹׁרֶשׁ (אמר) and the שֹׁרֶשׁ (דבר) in the same line.
Lines #______ ______ ______ ______
Write the meaning of (אמר): ______________________
Write the meaning of (דבר): ______________________

119

שְׁמַע יִשְׂרָאֵל יְהוָה אֱלֹהֵינוּ יְהוָה ׀ אֶחָד׃ וְאָהַבְתָּ אֵת
יְהוָה אֱלֹהֶיךָ בְּכָל־לְבָבְךָ וּבְכָל־נַפְשְׁךָ וּבְכָל־מְאֹדֶךָ׃
וְהָיוּ הַדְּבָרִים הָאֵלֶּה אֲשֶׁר אָנֹכִי מְצַוְּךָ הַיּוֹם עַל־לְבָבֶךָ׃
וְשִׁנַּנְתָּם לְבָנֶיךָ וְדִבַּרְתָּ בָּם בְּשִׁבְתְּךָ בְּבֵיתֶךָ וּבְלֶכְתְּךָ
בַדֶּרֶךְ וּבְשָׁכְבְּךָ וּבְקוּמֶךָ׃ וּקְשַׁרְתָּם לְאוֹת עַל־יָדֶךָ וְהָיוּ
לְטֹטָפֹת בֵּין עֵינֶיךָ׃ וּכְתַבְתָּם עַל־מְזֻזוֹת בֵּיתֶךָ וּבִשְׁעָרֶיךָ׃

This is the way the שְׁמַע is printed in a חוּמָשׁ.
Read the שְׁמַע and write your answers to these brain teasers.

1 What is the declaration that the Children of Israel are told to listen to? ______________________________

____

2 Why is this an important declaration? ______________________________

____

3 What does the Torah mean when we are told that "these things (words) shall be in your heart?" ______________________________

____

4 Why is it important that parents teach these things which God commanded to their children? ______________________________

____

5 What do you think our ancestors considered the highest goal in life to be for a Jew? ______________________________

____

6 What two signs remind the Jew of the importance of living by the words of the Torah? ______________________________

____

שמע ישראל יהוה אלהינו יהוה אחד ואהבת את
יהוה אלהיך בכל לבבך ובכל נפשך ובכל מאדך והיו
הדברים האלה אשר אנכי מצוך היום על לבבך
ושננתם לבניך ודברת בם בשבתך בביתך ובלכתך
בדרך ובשכבך ובקומך וקשרתם לאות על ידך והיו
לטטפת בין עיניך וכתבתם על מזזות ביתך ובשעריך

This is the way the שְׁמַע is written in the תּוֹרָה, מְזוּזָה and תְּפִלִּין. It is written without vowels.

1 Let's practice reading the שְׁמַע without vowels. If you need help, check the text on the opposite page.

2 Circle the two large letters in the first line.

3 Write the two letters. ______ ______
These letters form the word עֵד, witness. Our rabbis say that when a Jew recites the שְׁמַע he is being a witness, עֵד, who declares that there is only one God.

4 Write the Hebrew words that say God is one. ______ ______

5 Rate yourself on reading the שְׁמַע the way it is written in the תּוֹרָה. Count the mistakes you make.
1st reading ________ 2nd reading ________ 3rd reading ________

אֱלֹהַי

The עֲמִידָה ends with a personal prayer. It addresses God as *my* God, אֱלֹהַי. In this prayer we ask for God's guidance in our relationships with others. We ask for God's help to control the words we speak and His help to ignore those who speak ill of us. We promise to fulfill God's commandments and pray that the words of our prayers will be acceptable to God. Practice reading this prayer.

1 אֱלֹהַי, נְצוֹר לְשׁוֹנִי מֵרָע, וּשְׂפָתַי מִדַּבֵּר מִרְמָה

2 וְלִמְקַלְלַי נַפְשִׁי תִדּוֹם, וְנַפְשִׁי כֶּעָפָר לַכֹּל תִּהְיֶה.

3 פְּתַח לִבִּי בְּתוֹרָתֶךָ, וּבְמִצְוֹתֶיךָ תִּרְדּוֹף נַפְשִׁי.

4 וְכֹל הַחוֹשְׁבִים עָלַי רָעָה, מְהֵרָה הָפֵר עֲצָתָם

5 וְקַלְקֵל מַחֲשַׁבְתָּם.

6 עֲשֵׂה לְמַעַן שְׁמֶךָ, עֲשֵׂה לְמַעַן יְמִינֶךָ,

7 עֲשֵׂה לְמַעַן קְדֻשָּׁתֶךָ, עֲשֵׂה לְמַעַן תּוֹרָתֶךָ

8 לְמַעַן יֵחָלְצוּן יְדִידֶיךָ, הוֹשִׁיעָה יְמִינְךָ וַעֲנֵנִי.

9 יִהְיוּ לְרָצוֹן אִמְרֵי־פִי וְהֶגְיוֹן לִבִּי לְפָנֶיךָ,

10 ה׳ צוּרִי וְגוֹאֲלִי.

11 עֹשֶׂה שָׁלוֹם בִּמְרוֹמָיו, הוּא יַעֲשֶׂה שָׁלוֹם עָלֵינוּ

12 וְעַל כָּל יִשְׂרָאֵל, וְאִמְרוּ אָמֵן.

checkpoint 1

Match the שֹׁרֶשׁ to its English meaning.

___ know	1 (קדשׁ)
___ command	2 (דבר)
___ speak	3 (למד)
___ study	4 (ידע)
___ hear, listen	5 (ברא)
___ remember	6 (שׁבת)
1 make holy	7 (צוה)
___ rest	8 (זכר)
___ create	9 (שׁמע)

Checkpoint

LESSONS 1-12

checkpoint 2

Match the סִדּוּר word to its root letters, שֹׁרֶשׁ.

(אהב) ___	1 וְדִבַּרְתָּ
(שׁמע) ___	2 אֶקְרָא
(שׁכב) ___	3 יַעֲשֶׂה
(זכר) ___	4 לִשְׁמֹעַ
(אמר) ___	5 אֲהַבְתָּנוּ
(עשׂה) ___	6 יִזְכֹּר
(דבר) 1	7 וְיָדַעְתָּ
(ידע) ___	8 וּבְשָׁכְבְּךָ
(קרא) ___	9 וַיֹּאמֶר

checkpoint 3

Circle the Hebrew word that means the same as the English.

1 our God	אֱלֹהִים	אֱלֹהַי	אֱלֹהֶיךָ	אֱלֹהֵינוּ
2 my nation	הָעָם	עַמִּי	עַמְּךָ	עַמּוֹ
3 your Torah	תּוֹרָתְךָ	תּוֹרָה	תּוֹרָתֵנוּ	תּוֹרָתוֹ
4 his hand	יָדַיִם	יָדִי	יָדוֹ	יָדֵינוּ
5 our father	אָבִיו	אַבָּא	אָבִינוּ	אָבִי
6 his world	עוֹלָמוֹ	לְעוֹלָם	עוֹלָמְךָ	עוֹלָמִים
7 my name	שִׁמְךָ	שְׁמוֹ	שְׁמִי	בְּשֵׁם
8 our king	הַמְלָכִים	מַלְכֵּנוּ	מַלְכִּי	מַלְכּוֹ
9 your sons	בָּנֶיךָ	בָּנַי	בָּנִים	בְּנֵי
10 your eyes	עֵינַיִם	עֵינִי	עֵינָיו	עֵינֶיךָ

checkpoint 4

Circle the English word that means the same as the Hebrew.

1 בֵּין	from	between	before	with
2 זְמַן	time	about	that	maybe
3 חָכָם	true	happy	smart	new
4 זֵכֶר	road	remembrance	gate	creation
5 רִאשׁוֹן	sky	day	world	first
6 אֲדָמָה	love	blessing	earth	universe
7 אֶחָד	many	after	one	soul
8 לִפְנֵי	before	when	because	like
9 אוֹת	strength	word	cup	sign
10 תְּפִלָּה	Torah	work	prayer	thanks

checkpoint
5

Write the English word from the word list that makes the English passage mean the same as the Hebrew.

holy
families
open
chose
makes
write
heart
love

(He) ~~makes~~ peace in the heavens.

1 עֹשֶׂה שָׁלוֹם בִּמְרוֹמָיו.

And you shall ________ the Lord your God

2 וְאָהַבְתָּ אֵת ה׳ אֱלֹהֶיךָ.

With all your ________ and with all your soul

3 בְּכָל לְבָבְךָ וּבְכָל נַפְשְׁךָ.

________ my heart to your Torah.

4 פְּתַח לִבִּי בְּתוֹרָתֶךָ.

Who ________ us from all the nations

5 אֲשֶׁר בָּחַר בָּנוּ מִכָּל הָעַמִּים.

And you shall ________ them on the doorposts of your home

6 וּכְתַבְתָּם עַל מְזֻזוֹת בֵּיתֶךָ.

And (He) did not set us up like the ________ of the earth.

7 וְלֹא שָׂמָנוּ כְּמִשְׁפְּחוֹת הָאֲדָמָה.

Because You chose us and You made us ________

8 כִּי בָנוּ בָחַרְתָּ וְאוֹתָנוּ קִדַּשְׁתָּ.

CONCLUSION

The completion of the study of a book is a happy occasion. Our joy is increased because, in addition to the prayer skills we have mastered, we have also broadened our understanding of our Jewish heritage, deepened our love for God, and strengthened our connection with our people עַם יִשְׂרָאֵל.

Handing down our heritage from one generation to the next is an important mitzvah. It is written in the Torah:

וְשִׁנַּנְתָּם לְבָנֶיךָ וְדִבַּרְתָּ בָּם

As we complete the study of this book, let us congratulate one another with:

חֲזַק חֲזַק וְנִתְחַזֵּק

Strength, strength and we shall be strengthened to continue our Jewish studies throughout our lives.

WORD LIST

אָב (אַבָּא)	father
אֲבָל	but
אֲדָמָה	earth, ground
(אהב)	love, like
אַהֲבָה	love
אוּלַי	maybe
אוֹרֵחַ, אוֹרְחִים	guest(s)
אוֹת	sign, symbol
אוֹתָנוּ	us
אָח, אָחוֹת	brother, sister
אֶחָד	one
אַחֲרֵי	after
אֵין	is not
(אכל)	eat
אֹכֶל	food
אֱלֹהֵינוּ	our God
אָלֶף-בֵּית	alphabet
אִם	if
אֵם, אִמָּא	mother
אָמֵן	Amen
(אמר)	say
אֱמֶת	truth
אֲנַחְנוּ	we
אֲנִי	I
אֵיפֹה	where (is)
אָרוֹן	ark, closet
אֶרֶץ	land, earth
אֲשֶׁר, שֶׁ__	that, which, who
אַתָּה, אַתְּ	you
בְּ, בַּ	in, in the
בְּבַקָּשָׁה	please
(בוא)	come
(בחר)	choose
בֵּין	between
בַּיִת	house
בֵּית-כְּנֶסֶת	synagogue
בֵּית-סֵפֶר	school
בֵּן, בָּנִים	son(s)
בָּנוּ	us
בֹּקֶר	morning
(ברא)	create
בָּרוּךְ, בְּרוּכָה	blessed
בְּרָכָה	blessing
בְּרוּכִים הַבָּאִים	welcome
גָּדוֹל	great, big
גַּם	also
גַּן	garden
(דבר)	speak, talk
דְּבָרִים	words
דֶּלֶת	door
דֶּרֶךְ	way, road
ה'	God
הַ	the
הַאִם	(introduces a question)
הוּא, הִיא	he, she
הַיּוֹם	today
הַכֹּל	everything
(הלכ)	walk, go
הֵם, הֵן	they
הִנֵּה	here (is)
הַרְבֵּה	many
וְ, וּ	and
__וֹ	his
זֶה, זֹאת	this (is)
(זכר)	remember
זֵכֶר	remembrance
זְמַן, זְמַנִּים	time(s)
חֶדֶר	room
חָדָשׁ, חֲדָשָׁה	new
חָכָם, חֲכָמִים	wise, smart
חַלָּה, חַלּוֹת	ḥallah
(חשב)	think
טוֹב, טוֹבָה	good
טַלִּית	prayer shawl
__ִי	my, mine
יָד, יָדַיִם	hand(s)
(ידע)	know
יְהוּדִי, יְהוּדִים	Jew(s)
יוֹם	day
יוֹם הוּלֶדֶת	birthday
יוֹם הַשְּׁבִיעִי	(the seventh day) Shabbat
יוֹם חֲמִישִׁי	Thursday (fifth day)
יוֹם רִאשׁוֹן	Sunday (first day)
יוֹם רְבִיעִי	Wednesday (fourth day)
יוֹם שְׁלִישִׁי	Tuesday (third day)
יוֹם שֵׁנִי	Monday (second day)
יוֹם שִׁשִּׁי	Friday (sixth day)
יַיִן	wine
יֶלֶד, יַלְדָּה	boy, girl
יְלָדִים	children
יָפֶה, יָפָה	nice
יְצִיאַת מִצְרַיִם	the Exodus from Egypt
יְרוּשָׁלַיִם	Jerusalem
יֵשׁ	there is (are)
יֵשׁ לִי	I have
יֵשׁ לָנוּ	we have
(ישב)	sit, dwell, live
יִשְׂרָאֵל	Israel

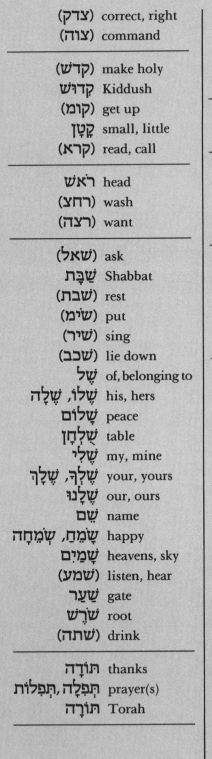

(צדק)	correct, right
(צוה)	command
(קדש)	make holy
קִדּוּשׁ	Kiddush
(קום)	get up
קָטָן	small, little
(קרא)	read, call
רֹאשׁ	head
(רחץ)	wash
(רצה)	want
(שאל)	ask
שַׁבָּת	Shabbat
(שבת)	rest
(שׂים)	put
(שׁיר)	sing
(שׁכב)	lie down
שֶׁל	of, belonging to
שֶׁלוֹ, שֶׁלָה	his, hers
שָׁלוֹם	peace
שֻׁלְחָן	table
שֶׁלִי	my, mine
שֶׁלְךָ, שֶׁלָךְ	your, yours
שֶׁלָנוּ	our, ours
שֵׁם	name
שָׂמֵחַ, שִׂמְחָה	happy
שָׁמַיִם	heavens, sky
(שמע)	listen, hear
שַׁעַר	gate
שֹׁרֶשׁ	root
(שתה)	drink
תּוֹדָה	thanks
תְּפִלָּה, תְּפִלּוֹת	prayer(s)
תּוֹרָה	Torah

מִן, מִ—, מְ—	from
מַעֲשֵׂה	work of
בְּרֵאשִׁית	creation
מִצְוָה, מִצְוֹת	mitzvah
מִשְׁפָּחָה	family
מִתְפַּלֵּל	pray
נוּ—	we, our, us
נֶפֶשׁ	soul
נֵר, נֵרוֹת	candle(s)
(נתן)	give
סַבָּא, סָבְתָּא	grandfather, grandmother
סִדּוּר	siddur
סֻכָּה	sukkah, hut
סֵפֶר	book
עוּגָה	cake
עוֹלָם	world, universe
עַיִן, עֵינַיִם	eye(s)
עַכְשָׁו	now
עַל	on, about
עַל-יַד	near, next to
עַם, עַמִּים	nation(s), people
עִם	with
(עמד)	stand
(ענה)	answer
עֵץ, עֵצִים	tree(s)
עֶרֶב	evening
(עשׂה)	do
פֹּה	here
פְּרָחִים	flowers
פְּרִי, פֵּרוֹת	fruit(s)
(פתח)	open
פֶּתַח	opening

ךָ—	you, your, yours
כַּאֲשֶׁר	when
כּוֹס	cup, glass
כִּי	because
כָּל	every, all
כֻּלָנוּ	all of us
כְּמוֹ	just like, as
כֵּן	yes
כִּסֵּא	chair
כִּפָּה	skullcap
(כתב)	write
כִּתָּה	classroom
לְ, לַ	to, to the
לֹא	no
לֵב	heart
(לבש)	wear
לְהַדְלִיק	to light (kindle)
לֶחֶם	bread
לֵיל שַׁבָּת	Friday night (night of Shabbat)
לַיְלָה	night
לִכְבוֹד	in honor of
(למד)	study, learn
לָמָה	why
לָנוּ	to us
לְפְנֵי	before
מְאֹד	very
מְאֹדֶךָ	your strength (might)
מַה, מָה	what
מוֹרֶה, מוֹרָה	teacher
מְזוּזָה	mezuzah
מִי	who
מְלָאכָה	work
מֶלֶךְ	king